いちばんやさしい「組織開発」のはじめ方

著　早瀬信／高橋妙子／瀬山暁夫

監修・解説　中村和彦　南山大学 教授

ダイヤモンド社

はじめに

いまいち言語化できない「組織のモヤモヤ」に向き合う

「職場を変えたい」と思っているあなたへ

この本を手にした人の多くは、なんだか調子の悪いチーム・組織の状態に悩み、それを変えたいと思う経営者やリーダー、人事関係者の方ではないでしょうか。

ここ数年、組織を取り巻く環境は大きく変化しています。転職は一般化し、多様性の重視や働き方改革など、マネジメントを複雑化する新たな価値観や手法がもたらされました。加えて、在宅勤務の増加やリモート会議の定着など、組織を取り巻く環境はさらに複雑になっています。

これらを背景に、チーム・組織が抱える課題はどんどん増えています。

「チームや組織に対する不満が蔓延している」

「メンバーのモチベーションが低く、主体性がない」

「だんだんと人が辞めていく」

「成果が上がらない、下がっている」


など、課題を挙げればきりがないでしょう。

しかも、それがなかなか解決に至らない。

それも仕方ありません。昨今のような複雑な職場環境では、マネジメントの手腕だけではなく、メンバーのモチベーションや仕事に対する考え方など、さまざまな要因が複雑に絡みあって問題が生じているからです。

そこで、**組織開発**です。

いまいち言語化できない、複雑なチーム・組織の悩みに向き合い、解決に近づける。

それが組織開発の得意分野です。

本書は、そんな組織開発のはじめ方を、やさしく伝える一冊です。

組織開発という言葉を知ってこの本を手に取った方も、そうでない方も、ゼロから組織開発についての理解ができ、その進め方のポイントがわかります。

そして何より、読んだら、いますぐ組織開発を始めたくなる。

それほど組織開発が、あなたのチーム・組織のモヤモヤを晴らす力を持っていることを、この本を通じておわかりいただけると思います。

組織開発で成功した7つの事例を紹介

本書では、組織開発に成功した7つの事例を紹介しています。

● CASE 1【三和化工紙】「モチベーションの低い職場」を変えた新米社長の職場改革
● CASE 2【ビッグスマイル】「どんどん人が辞めていく」と向き合った経営者
● CASE 3【パナソニックグループ】「人と組織のポテンシャル」を引き出し、自己実現と事業成果の両立を目指す
● CASE 4【東芝テック】「大企業病」を変えたオフサイトミーティング
● CASE 5【広島県熊野町】「ヒエラルキーのない組織」を活性化させる方法とは？
● CASE 6【横浜中華街】対立を乗り越える「大きな目標」の価値
● CASE 7【南山大学 人文学部心理人間学科　中村ゼミ】組織開発を実践するゼミに学ぶ、「自走する組織」のつくり方

大企業や中小企業、飲食店、自治体、教育現場まで、さまざまな事例を通して、組織開発のはじめ方や進め方のポイントをお伝えします。

また、事例だけではなく、読者のみなさんが組織開発の「はじめの一歩」を踏み出せるよう、「組織開発のきほん」についても丁寧に解説しています。読者のみなさんが、「組織開発」の力を知り、少しでもその一歩を踏み出すお手伝いができればと思います。

なお、本書は、組織開発の第一人者である南山大学教授の中村和彦さんが監修を務めています。著者3人は直接・間接的にその教えを受け、それぞれの立場で組織開発を実践しています。

早瀬信は、キヤノンで十余年にわたって組織開発を担当する内部実践者でした。現在は独立し、組織開発コンサルタントとして多くの組織の活性化を支援しています。

高橋妙子は、南山大学大学院で学んだ中村さんの直系の教え子です。組織開発実践者のための国際的な権威「NTLサーティフィケート」を修了し、企業の組織開発を支援する組織開発コンサルタントにして研究者でもあります。

瀬山暁夫は、中小企業診断士として経営理念浸透のコンサルティングを行っています。その活動を、組織開発の価値観に紐づけようと学びを続けています。

監修者まえがき

現在、組織開発に対する関心が、人事関係者や経営者、コンサルタントなどの外部支援者を中心に高まり、日本においても多くの取り組みが行われています。

組織開発とは、チームや組織の効果性や健全性の高まりを目指した取り組みを指します。

近年では大企業を中心に、組織開発を推進する部署が設置されているところも増えています。

そこでは、「１ｏｎ１」、「３６０度フィードバック」、「サーベイ・フィードバック」、「ワールド・カフェ」、「アプリシエイティブ・インクワイアリー」、「リフレクション・ラウンドテーブル」などの手法が実施されています。

企業のなかで組織開発に取り組んでいる方々のお話を聞かせていただくと、たとえば、「弊社では１ｏｎ１をしています」と実施している手法について語る方が多いようです。

これらの手法を行うために、特別に設けられた場をつくり、企画として実施するのも組織開発です。このような、特別に設けられた場で対話や研修を行う取り組みは「構造化された組織開発」と呼ばれています。

その場にチームや組織のメンバーが集い、対話を通して現状を共有し、より良くするためのアクションプランを考えていく取り組みが行われることが多いようです。

ただ、このような「構造化された組織開発」を実施しているだけでは、チームや組織が変わらないことが多いのではないでしょうか。

計画されたアクションプランが実行されない、時間の経過とともに元の風土や関わりに戻っていく、ということが起こりやすいためです。

チームや組織が変化し、持続的に機能するには、組織の日常、つまり、日頃の業務のなかで、チームや組織のメンバーが現状に気づいてより良くする取り組みや行動を自発的に行うことが必要となります。

これは「構造化されていない組織開発」と呼ばれるものです。

たとえば、自分たちで計画したアクションプランを実行する、部下のやる気を高めるためにポジティブなフィードバックを行う、会議が終わる際に短い振り返りを行う、などが「構造化されていない組織開発」の例になります。

これは、チームや組織を良くしたいと願う推進者の意識や行動、ほかの人たちとの関わりを通して広がっていくものです。

つまり、組織開発を推進したい、チームや組織を良くしたい、と願う人々が変化の推進者（チェンジエージェント）となり、波紋が広がるように変化が起こっていくのです。

本書のタイトルは『いちばんやさしい「組織開発」のはじめ方』。

このタイトルを聞くと、組織開発を始める際のポイントやスキルが書かれていると思う方もいらっしゃるでしょう。

組織開発を始めるステップは「エントリーと契約」と呼ばれており、そのフェーズで必要とされるスキルや留意点が知識として存在します。

しかし、本書はそのようなスキルや知識を記述したものではありません。

そして、組織開発の手法を解説したものでもない。つまり、組織開発のノウハウ本ではありません。

では、本書で取り扱い、描いているものは何でしょうか？

それは、チームや組織が良くなっていくことに向けて、推進者たちのマインドや姿勢、変革に向けたリーダーシップが醸成されていく過程です。

本書は以下の流れで構成されています。
CHAPTER 1では、近年、組織開発が注目され、期待されている背景について、実践に取り組んできた著者たちが伝えます。
CHAPTER 2では、組織開発の基本について実践的な観点から説明します。
CHAPTER 3では、企業や地域、大学のゼミや学校における、組織開発「的」な事例を紹介していきます。
組織開発「的」という言葉をあえて使ったのは、変化を推進した人々は自覚的に組織開発を実践したわけではないが、組織開発の取り組みとみなすことができる事例が含まれているためです。
CHAPTER 4では、日本における組織開発のポイントについて、著者3人が語ります。

組織開発の第一歩は誰でも始められる、身近なところから始められる。

そして、お互いに理解し合うこと、信頼や協働の関係が築かれること、語られる言葉が変わることを通して、組織の風土が変化していき、定着していく。

組織はワンアクション（1回の対話の場やワークショップ）で変わるわけではありませ

ん。関わりを通しての相互理解やつながり、関係形成の蓄積によって漸進《ぜんしん》的に変化していき、人々の意識や行動が変わっていく。

人の体質改善にはある程度の時間、意識や行動の変化が必要とされるように、組織の風土が変わるためにも時間と粘り強い働きかけが必要とされるのです。

本書を通して、組織開発の理論や手法の根底にあるマインドや姿勢について、ヒントや洞察を得ていただけると幸いです。

南山大学 人文学部心理人間学科教授　中村和彦

目次

CHAPTER 1 職場のモヤモヤを消し去る！組織開発の「きほん」

CONTENTS
目次

CHAPTER 2
知識ゼロからでも実践できる組織開発の「はじめ方」

CHAPTER 3

7つの成功事例から読み解く組織開発「実践のポイント」

CONTENTS
目 次

CONTENTS
目　次

CASE 7 ⋙【教育×組織開発】南山大学 人文学部心理人間学科 中村ゼミ

CHAPTER 3　監修者解説

CHAPTER 4

さあ、組織開発を始めよう

CONTENTS
目　次

CHAPTER

1

職場のモヤモヤを消し去る！組織開発の「きほん」

なぜいま、組織開発に対するニーズが高まっているのか。その背景には職場環境の変化や働き方の移り変わりがあります。CHAPTER1では、組織開発の定義をいくつか見ながら、それが果たす役割を示します。

職場に生じる「モヤモヤ」の正体とは？

まず、あるマネジャーの物語から始めましょう。これはフィクションですが、著者が日頃見聞きするマネジャーにありがちな経験を、一人のストーリーとして集約したものです。

佐藤さんは39歳。大手機械メーカーの営業部門で働く15年目の中堅社員です。マネジャーに抜擢されて2年目、メンバー8人を率いるリーダーとして働いています。

しかしこのところ、佐藤さんはモヤモヤした気持ちを抱えていました。昨年あたりから売上実績が伸び悩むようになったのです。既存の顧客との関係は良好で、大きな失敗があったわけではない。業界全体の景況感も決して悪くない。どうもメンバーのやる気が薄れていることが原因のようです。

メンバー構成は、佐藤さんより年上が3人、同期が2人、20代の若手が3人。そのうち1人は、今年入った新入社員です。

年上の3人にはやはり気をつかいますが、幸いみんな協力的な姿勢でした。佐藤さん自身も、良いチームをつくりたいと考え、メンバーとのコミュニケーションを十分に取るように心がけてきました。

ちょっとおかしい、と感じ始めたのは、マネジャーになって1年ぐらい経った頃でした。入社3年目の若手メンバーの渡辺さんが毎週のように欠勤するようになったのです。無理をしないようにと伝えましたが、本人は「大丈夫です」と言います。そのうち勤務状態は元に戻りましたが、心配は消えませんでした。


コロナ禍を経てリモート化も進み、週1回のオンライン会議以外は、みんなが顔を突き合わせて話し合う場は持ちにくい状況でした。

オンライン会議では、それぞれの業務の進捗を確認し、営業方針を共有する。そのプロセスは間違っていないはずですが、だんだんとメンバーからの発言が少なくなっていきました。佐藤さんの指示に異論は出ません。といって、会話は盛り上がらない。

それでも、メンバーは粛々と計画を遂行してくれているはずだ。佐藤さんはそう信じていました。


「田中さんが、不満を漏らしているぞ」

そう教えてくれたのは、同期の江本さんでした。

田中さんは、年長メンバーの1人で、実力は折り紙付き。リーダーシップもあり、ほかのメンバーへの影響力も強い。どうも、佐藤さんの営業方針に不満があるようで、若手もその発言に賛同しているフシがある、とのこと。

佐藤さんは戸惑いを覚えました。「新規顧客の開拓に注力する」という営業方針は、中期経営計画による会社施策であり、それを踏まえてメンバーに指示していたからです。しかも、みんなの負担を考えて、強引な指示などはしていないと考えていました。

そのうち、売上数値が明らかに落ち始め、予算達成が危うくなりました。そこで佐藤さんは、田中さんと1対1の面談をするも、田中さんはこちらの話にうなずくばかりで、その本心は見えませんでした。

江本さんに相談すると、「会社の方針を曲げるわけにはいかないけれど、田中さんたちの言い分も聞いて、少し配慮してあげたらどうか？」と言われました。

そうかもしれないけれど、それで業績回復につながるのだろうか。どうも、そうは思えません。

考えあぐねた佐藤さんは、部門長に相談しました。次期役員候補と目される実力者です。

「リーダーがそんな弱腰じゃ困るな」

オンラインによる面談で開口一番、こう言われてしまいました。

「会社の方針は間違っていない。ベテランの仕事を尊重する必要はあるけれど、そこをうまくやるのが管理職の務めだろ」

反論はできませんでした。とはいえ、メンバーになんと言えば良いか、どんな指示をすればやる気を取り戻してくれるかがわかりません。自分に落ち度があるとも思えないのです。

それから1ヶ月後、若手のリーダー格である村井くんから、会社を辞めるとメールが来ました。転職先も、すでに決まっていると言います。

もはやチームは、バラバラになってしまったように感じられました。佐藤さんは頭を抱えるばかりです。

「人材開発」とは異なる、「組織開発」というアプローチ

これは若いリーダーを主人公にした架空のストーリーですが、「なんだかうまくいかず、モヤモヤする」という感じ、みなさんもおわかりいただけるのではないでしょうか。

思い悩む佐藤さんはリーダーとしての経験が浅い、と感じた方もいるかもしれません。リーダーとしてまだ2年目の佐藤さんは、これから経験を積めば、きっとうまくマネジメントできるようになるでしょう。また、研修を受けることでマネジメント手法を身につけることもできるはずです。これらは、いわゆる「人材開発」の領域の話になります。

ただ、経験と研修によって佐藤さんがスキルアップするには、少し時間がかかりそうです。モヤモヤをただちに解消することは難しいと言えるでしょう。

そしてもう一つ、このモヤモヤは佐藤さんが一人で抱え、解決しなければならないのでしょうか？　いくら佐藤さんがチームリーダーだからといって、それは酷《こく》な気がします。

組織のモヤモヤの原因は「目に見えない」ことが多い

この事例において、佐藤さんが率いるチームは、どのような課題を抱えているのでしょうか？　また、どうすれば課題が解決するのでしょうか？

佐藤さんの事例での課題は、次のように推移していきました。

①メンバーの一人が休みがちになった
②売上実績が徐々に下がり始めた
③メンバーが密かに不満を漏らすようになった
④業績悪化が明らかになった
⑤リーダー格の若手が転職

「売上実績が徐々に下がり始めた」という事態に対して、たとえば佐藤さんがメンバーに発破をかけたとしたら、業績は回復するでしょうか？　根本的な原因が解決されていないため、おそらく難しいでしょう。

売上実績が下がり始めた原因を佐藤さんが分析し、その改善策を考えるにも限界があるように思われます。仮にその改善策が良かったとしても、それがメンバーの「やる気」まで回復させるかどうかはわかりません。

メンバーの一人が休みがちになったという問題についても、体調の問題なのか気持ちの問題なのかは当の本人にしかわかりません。いくら佐藤さんがマネジメントを頑張ったとしても、どうにもしがたい印象があります。

この状況で必要なのは、**「目に見えにくいことの調整」**だと言えます。

業績低迷とメンバーのやる気低下は、別個に検討すべき課題であるように思われますが、その2つはおそらく無関係ではありません。同じ要因に根ざしている可能性もあり、それは表面上ではとらえきれない要因である可能性もあるのです。

つまり、一人ひとりの仕事に対する思いであるとか、「もっとこうしたら良いのでは？」というようなアイデアなど、なかなか表に出てこないところにモヤモヤの本当の原因があるのかもしれません。

そこで「組織開発」という手法が浮上します。個人のスキルを向上させる「人材開発」とは別に、**組織そのものに着目して「良い組織」を目指して実施する**のが組織開発です。

組織開発では、「目に見えにくいこと」をテーブルの上に載せ、みんなで話し合って問題解決を図ります。

「組織開発」とは何か？

ここで「組織開発」とは何かについて、より深く考えてみましょう。

ここ数年、組織開発は、企業のあいだで関心が高まり、実践例も増えてきました。ただ、どうすれば組織開発がうまくワークし、組織が変わるのか、戸惑い、迷っている方も多いように思います。

「組織」を「開発」する、というシンプルな二語からなる言葉ですが、そのシンプルさが逆にわかりづらさにつながっている印象もあります。

いったい、「組織を開発する」というのは、どのような行動を指すのでしょうか。

組織開発は、もともと米国で発祥し、長年にわたって取り組まれ、洗練されてきたものです。その定義は実にさまざまですが、よく知られているものの一つに、次のような定義があります。

「組織開発とは、組織の健全性、効果性、自己革新力を高めるために、組織を理解し、発展させ、変革していく、計画的で協働的な過程である」
(Warrick, D. D. (2005). Organization development form the view of the experts. In W. J. Rothwell & Roland L. Sullivan (Eds.) Practicing organization development: A guide for consultants. 2nd edit. San Francisco, CA: Pfeiffer. pp. 164-187.)

やや硬い表現ですが、組織の**「健全性」**と**「効果性」**というのは大事なキーワードです。本書でも、このあと、何度も使う言葉です。

本書の監修者である中村和彦さんの著書『入門　組織開発』（光文社）には、次のような一文があります。

組織開発の本来の意味は「組織内の当事者が自らの組織を効果的にしていく（よくしていく）ことや、そのための支援」です。

当事者が、自分たちで組織を良くしていくために行うのが組織開発。ぐっとわかりやすくなりました。

私たち3人の著者が合意しているのは、次の定義です。

「意図的に行う、良いチームや良い組織づくり」

組織開発とは、現場にいる人たちが自ら、人と人との関係性を通して組織内の違和感のあるプロセスを見直し、より良い組織をつくる活動、と言えます。

自分たちが感じるモヤモヤを、自分たちのために修正する。そんな良い組織をつくる活動を通して関係性も豊かになり、組織の健全性も高まると言われています。

組織を良くするために解決すべき課題や、その手法はさまざまです。

それがどのようなものであるにせよ、**出発点は「何を目的とする組織なのか」を正しく見きわめることになります。**これは、誰かが教えてくれることではありません。また、中期経営計画のように、上から降りてくる方針でもないのです。

つまり、自分たちで見定めることが大事なポイントで、そのために話し合いを重ねる。それが、何よりまず実行しなければならないことです。

組織開発で得られる「3つの効果」とは？

では「良いチームや良い組織」の「良い」とは、どのような状態を指すのでしょうか。それには3つの観点があると言えます。

①【効果性】目標達成ができる

企業組織であれば、「予算を達成する」「ヒット商品を開発する」「品質を安定させる」などが想定できます。スポーツチームであれば「試合に勝つ」ことでしょう。つまり、組織として成果を上げられるかどうか、「効果性」という観点です。

組織開発では、関係する人々が共に活動するため、納得して目標に向かって動くチームができていきます。その結果、目標達成に素早く近づけるようになるのです。

②【健全性】明るくイキイキ元気がある

目標達成ができる組織の共通点は、「コミュニケーションがきちんと取れている」「助け合える」「教え合っている」など、明るくイキイキしていることです。

つまり、組織が「健全性」を保てているか、という観点です。

組織開発では、人と人との関係性を築きながら組織のプロセスを見直していくので、人間関係が深まり、支援関係が生まれるためメンバーは元気になっていきます。

③【継続性】良い状態を自分たちで継続できる

目標を達成し、明るく元気がある。でも、人事異動で課長が替わったら、チームの雰囲気が変わり、以前ほど活気がなくなってしまった。結果として、業績も振るわない……。これでは困りますね。

企業に限らず、組織での行動は長く続いていくべきものです。たとえリーダーが替わっても、あるいは先輩が卒業しても、新しいメンバーが入ってきても、同じように明るくイキイキした雰囲気を変えず、目標を達成し続けていく。

つまり、組織の風土をつくり上げ、それを維持していく「継続性」という観点です。

メンバーの入れ替わりがあったとしても、自分たちに合った組織プロセスをつくり、残った人で継承できることが理想です。必要に応じて再び組織開発を行うことで、良い改善を続けられるようになります。

これら3つの条件を満たし、「良いチームや良い組織」であり続けるために、組織開発は効果を発揮します。

また、その時々の外的な条件や、メンバーのメンタル状態などを要因として、3つのどれかが欠けてしまったり、レベルが下がってしまったりすることもあります。

人の健康状態に好不調があるように、チームや組織にもそれが起こります。

目標達成ができなかった。元気のないメンバーがいる。そんなときに、話し合いによって本来ありたい状態と現状のどこに差があるのかを見つけ、回復の手立てを考える。それも組織開発の大事な役割になります。

なぜいま、「組織開発」が求められているのか？

いま、組織開発への関心が高まり、多くの企業が実践を始めている背景には、時代の流れに伴うさまざまな変化があります。

ビジネスにおいては、かつてのような確率の高い「勝ち筋」が見出しにくくなり、業績が思うように伸びない。多くの業界、多くの企業が、その悩みを抱えています。

他方で、コロナ禍や働き方改革の進展が示すように、職場の環境、メンバーの構成、働き方そのものも大きく変わってきました。

かつては正社員が中心になって回ってきた企業組織は、この20年ほどのあいだに、業務委託や派遣・アルバイトなど、多様な立場の人が関わり合うようになりました。

ウェルビーイングやSDGsなどの新しい考え方も台頭し、企業といえども経済性だけを中心に置くことができない現実もあります。

業績など結果を求めさえすれば良い、という昔のシンプルなルールが通用しにくくなり、そこにさまざまな価値観が加わった、とも言えます。

仕事のルールが複雑化し、しかもなかなか結果が出ない。そのようななかで、メンタルの不調に陥るメンバーも少なからず現れるようになった。転職、離職も、止めようがないほど増えてきた。

このように、「良いチームや良い組織」であり続けることが、難しい現状です。

こうした状況下で、単に仕事のテクニックに関わる課題ばかりではなく、**人の気持ちやコミュニケーションのありようにまで関わる課題が組織には山積みになっています。**企業以外の組織やコミュニティ、教育現場などでも、同じようなことが起きているのではないでしょうか。

いろいろなことが同時多発的に動き、変化しているので、まずは一人ひとりが何を思っているのか、何にモヤモヤしているのかをみんなで確かめ合っていくことが必要です。モヤモヤの多くには、人の気持ちや行動、メンバー同士の連携が関わります。それらを総合的に扱えるのが、組織開発の大きな特徴なのです。

組織改革にしても、生産性向上にしても、もはや号令一下、足並みを揃えれば達成できるというわけではありません。

多様な考えや価値観を持つ人が集まるのが組織ですから、社会情勢が複雑化すれば、軋《あつ》轢《れき》やすれ違い、あるいは衝突が起こるのは当たり前でしょう。

このような現実に対して、私たちが伝えたいことの一つが、組織開発は組織の形態を問わず、活用できる手法も多いということです。

つまり、「使い道がけっこう広い」のです。

「技術的な解決」ばかりに目を向けていないか？

私たち著者3人は組織開発について、次のような説明もできると考えています。

「組織のみんなで、未来について考える活動」

目の前にある課題について、技術的な緊急対応が必要なこともあるでしょう。「製品の不具合を、ラインの調整によって修復する」「納期の遅れが発生したため、一時的にメンバーを増強して対応する」というように。

一方で、多くの組織が抱えている課題は、「なんとなくモヤモヤする」というものから、要因が複雑に絡まっていて解決法がわからないものまで、**技術的な対応や短期間での解決が難しいもの**が多いのではないでしょうか。

これまでの経験則では解決できない課題を**「適応課題」**と呼ぶことがありますが、**これを技術的な対応によって短期間で解決しようとすると、かえって事態がこじれてしまうことがあります。**

このような課題に対して、組織開発は効力を発揮します。

たとえば、人と人との関わりに由来する課題について、そこに軽い気持ちのズレのようなものが含まれているとすれば、少し時間がかかるかもしれません。

しかし、「自分たちはなぜこの組織で一緒に働いているんだっけ？」と考えると、「同じゴールを目指していたよな」と気がつくでしょう。

「では、この先どうなれば良いのか」と未来に対する思考が進めば、そこで新しいアイデアを考えるゆとりを持つ必要がある、などの考えに行き着くはずです。

ここではごく単純化して述べましたが、目の前の課題にとらわれるあまり、前に進めないことは多くの人が経験するものです。それは適応課題に対して、技術的な解決を図ろうとするために陥る事態なのかもしれません。

そうではなく、少し長い射程でとらえて、一緒に組織の未来を考える。すると、目の前の課題にとらわれず、「未来に向かって、いま何をするべきか」と視界が変わることがあります。個人についても、組織やチームについても、それは当てはまるでしょう。

「トップダウン」では難しい。だから組織開発が有効

さらに、著者3人によるもう一つの定義をご紹介します。

「組織開発とは、〝私ごと〟を〝私たちごと〟にする活動である」

「私ごと」と感じていたものが、実はみんなに関わる課題だったり、組織の構造的な問題だったりすることがあります。

これまで組織の課題を解決するといえば、経営陣が新たなルールをつくる、制度を設けて対応する、ということが主流だったと思います。ただ、組織で誰かが感じるモヤモヤに対して、いきなりルールや制度を会社が設けて対応をするのは難しいですし、必ず効果が上がるわけではないでしょう。

先ほども言いましたが、組織開発とは誰かが感じたモヤモヤを話し合いのテーブルに載せ、みんなでその原因を考え、解決のための手立てを考える。まさに「私ごと」を「私たちごと」にする活動なのです。

では、組織開発はどこから出発すれば良いのでしょうか。

組織開発の出発点は「関係の質」の向上

冒頭のストーリーで、佐藤さんは、モヤモヤをめぐる話し合いをメンバーたちとしていません。一人で抱え込んでいるようにも感じます。同期の江本さんとは話していますが、内々の会話にとどまっています。また、思いあぐねて相談した部門長からは、なんら有益なアドバイスは得られませんでした。

組織開発の考えでは、まず**メンバー間の「関係の質」を高める**ことが有効です。

MIT（マサチューセッツ工科大学）組織学習センターの共同創設者であるダニエル・キム氏が提唱した「成功の循環モデル」という考え方を紹介します。

次ページの図1に示したように、**「関係の質」**が高くなると、自然と考え方も前向きになり、目的意識が高まって**「思考の質」**が上がる。

それがメンバーの積極性や主体性といった**「行動の質」**を高め、その結果として成果

図1 成功の循環モデル

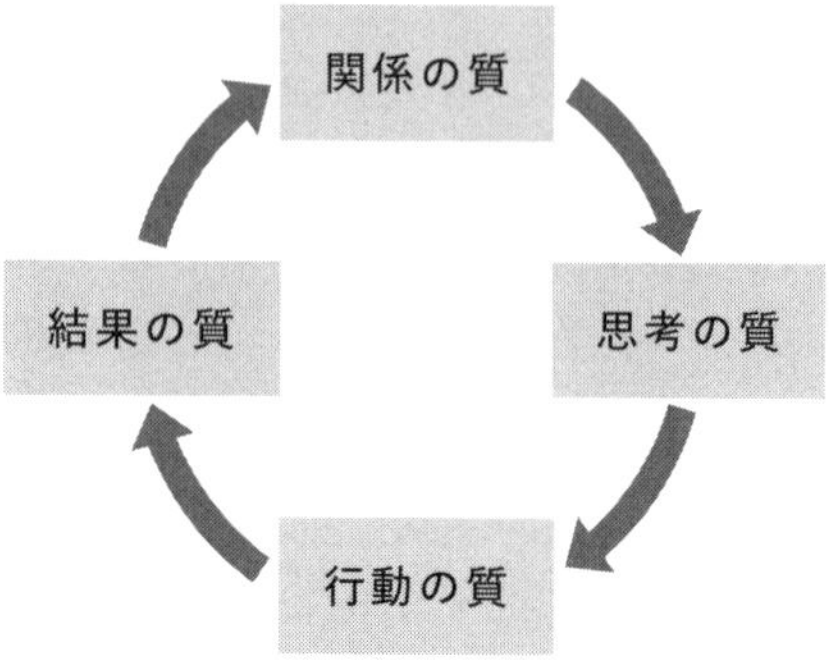

出典：Kim, D. H. (2001). Organizing for learning: Strategies for knowledge creation and enduring change. Pegasus Communications.

が生まれて**「結果の質」**につながる。

すると、ますます関係の質が高くなる、といった循環を指しています。

佐藤さんの物語では、日頃のコミュニケーションのあり方までは描かれていませんが、不満が生まれ、退職者が出るという事実から、「関係の質」は低いのではないかと思われます。

リモート化によって対面で話す機会が減ったことも影響しているかもしれません。

ここで関係の質が高まれば、その先にある業績回復のためにどうするかについても率直に話し合うことができます。

相互にフィードバックすることでより有効なアイデアが生まれ、結果が好転する可能性も出てくる。さらに、能力の高いメンバーの経験やスキルが共有され、若手の成長も期待できます。

つまり、**組織開発の出発点は、関係の質を高めることなのです。**

何より必要なのは、**話し合いの機会を意識的に設けること。** それによって、お互いが「どういう人であるのか」をわかり合うことです。それが、信頼関係を築く第一歩となります。

信頼関係というベースがあって初めて、現状の課題をどうすれば突破できるか、実践的な手法についても率直に話すことができるのです。

佐藤さんの物語は、よくある状況をシンプルにまとめたものですが、現実にはもっとさまざまな事象が絡み合い、複雑であることが多いでしょう。

それでも、解決のための考え方は同じです。

話し合いによってモヤモヤの本質を明らかにする。さらに、みんなで意見を出し合って解決法を考える。

これが、組織開発の基本なのです。

モヤモヤを明らかにするための話し合いは、そのまま関係の質を高めるプロセスでもあります。

メンバーそれぞれの仕事に対する思いであったり、価値観であったり、話し合いによってパーソナルな部分を知ることが、そのまま解決の糸口になることもあります。

話し合ってお互いを知る、というのは、決して「仲良しグループ」をつくるためではありません。企業組織は業績という成果を上げるためにあり、メンバーはその共通のゴールに向かって協働するものです。

最大の成果を上げるための出発点こそ、「良い関係を築く」ことなのです。

それは幾多の優れたチームに共通します。これをリーダーもメンバーも、しっかりと認識する必要があるのです。

CHAPTER 1の最後に、冒頭の佐藤さんのその後を紹介しておきましょう。

メンバー全員で忌憚《きたん》のない話し合いをする必要がある――。佐藤さんがそう考えるようになったきっかけは、総合商社の人事部門にいる大学時代の友人との会話にありました。

飲み会でいま置かれている状況について愚痴をこぼすと、その友人は「組織開発って知ってるか?」と言い、概略を説明してくれました。

●見えない問題をテーブルの上に載せて、みんなで話し合う必要がある
●水面下で見えない部分にモヤモヤの要因がないか考えたほうが良い
●業務に関する課題と、気持ちに関する課題は、分けて考えたほうが良い
●成果を上げるためには、まず「関係の質」を整える必要がある

「たとえば、帝京大学ラグビー部が強くなったのは、メンバーの関係性が変わったことにある。トイレ掃除などを4年生が率先して行い、1年生を雑務から解放して練習に打ち込ませたことなどがあるんだ」

それを聞いた佐藤さんは、自分のチームを省みて、なるほどと思うことがたくさん思い浮かびました。

「当然、リーダーは責任がある。でも、それはお前一人で抱え込んでなんとかしなければならない、ということではない」

そう言う友人に対して、佐藤さんは思わず、こう聞き返しました。

「でも、上司には『そこをうまくやるのが管理職の務めだろう』と言われたんだ」

友人はニヤリと笑いました。

「そりゃ、昭和のマネジメントだな。精神論じゃ、もう組織は回らない。グローバル化に働き方改革、それにダイバーシティ……状況は、はるかに複雑になっているんだ」

佐藤さんはうなずきながら、モヤモヤした気持ちにわずかながら晴れ間がのぞいたように感じました。

「話し合いが大事というのはわかったけど、でも実際、みんなとどんな話をすれば良いんだろう？」

友人は、もう一度ニヤリと笑います。

「どんなって、いまオレと話しているようなことなんじゃないか？」

思わず釣られて笑いながら、佐藤さんは心のなかで決めました。組織開発っていうやつをやってみよう。まずはみんなを巻き込む手立てが必要だ。つまり、はじめ方。それが肝心なんだろうな。

CHAPTER

2

知識ゼロからでも実践できる組織開発の「はじめ方」

ＣＨＡＰＴＥＲ　２では、組織開発を実際にどのように進めていくかについて説明します。ＣＨＡＰＴＥＲ　１で取り上げた「成功の循環モデル」で言うと、「関係の質」を向上させ、「思考の質」を高める途中までを解説します。

その先には「行動の質」「結果の質」があり、組織開発の旅は長期にわたります。しかし、その出発点としての関係づくりはとても重要です。ここがうまくいくと、あとはスムーズに進む可能性が高まるからです。まさに大切なのは「はじめ方」なのです。ＣＨＡＰＴＥＲ　１の佐藤さんのストーリーも織り交ぜながら、解説を進めていきましょう。

「タスク・プロセス」と「メンテナンス・プロセス」に目を向ける

メンバーの誰かが組織にモヤモヤを感じたところから始まるのが組織開発です。そのモヤモヤは、必ずしもすぐに原因がわかるわけではありません。むしろ多くの場合、なぜそうなっているかがわからない。だからモヤモヤするわけです。

組織にまつわる課題にはさまざまなものがあり、解決の手法も多様です。組織開発があらゆる課題をものの見事に解決する、というわけではありません。

人材育成の手法によって能力を開発し、マンパワーを上げることで強い組織になることもあります。

では、組織開発が得意とするのは何か。それはCHAPTER 1でもお伝えした通り、既存の手法での解決が難しい「適応課題」についてです。

つまり、**人と人との関係性の変化を通して、違和感のあるプロセスを組織全体で見直すこと**だと言えます。

組織開発のはじめ方として有用な視点については、図2のように氷山の絵で説明されることが一般的です。組織に起こっている事象は、氷山のごく一部で、**実はその大部分は海中に隠れて見えません。**

組織開発では、水面上に現れている事象をコンテント、隠れて見えない事象をプロセスと呼びます。

コンテントもさることながら、肝心なのは、その下に隠れて見えていない巨大なかたまり、すなわちプロセスです。組織開発は、この部分に目を向けます。

プロセスのなかでも、メンバー間の目標の共有や手順、仕事の段取りなど、業務に直結する、あるいは比較的近いものを**タスク・プロセス**と呼びます。どれも見えにくくはありますが、技術的に解決が可能な課題もあります。

さらに深い部分、職場の雰囲気や組織風土、メンバーのモチベーション、互いの関係性などは、そもそも目に見えませんし、技術的な解決は難しい。この部分を**メンテナンス・プロセス**と呼びます。なぜそうなっているかがわからないモヤモヤは、ここに端を発している可能性が大いにあります。

組織開発は、このタスク・プロセスとメンテナンス・プロセスの両方を見直していく活動です。

なかなか表に出てこない水面下にあるものをテーブルの上に載せる。そして、それをめ

図2　組織やチームの構造（氷山モデル）

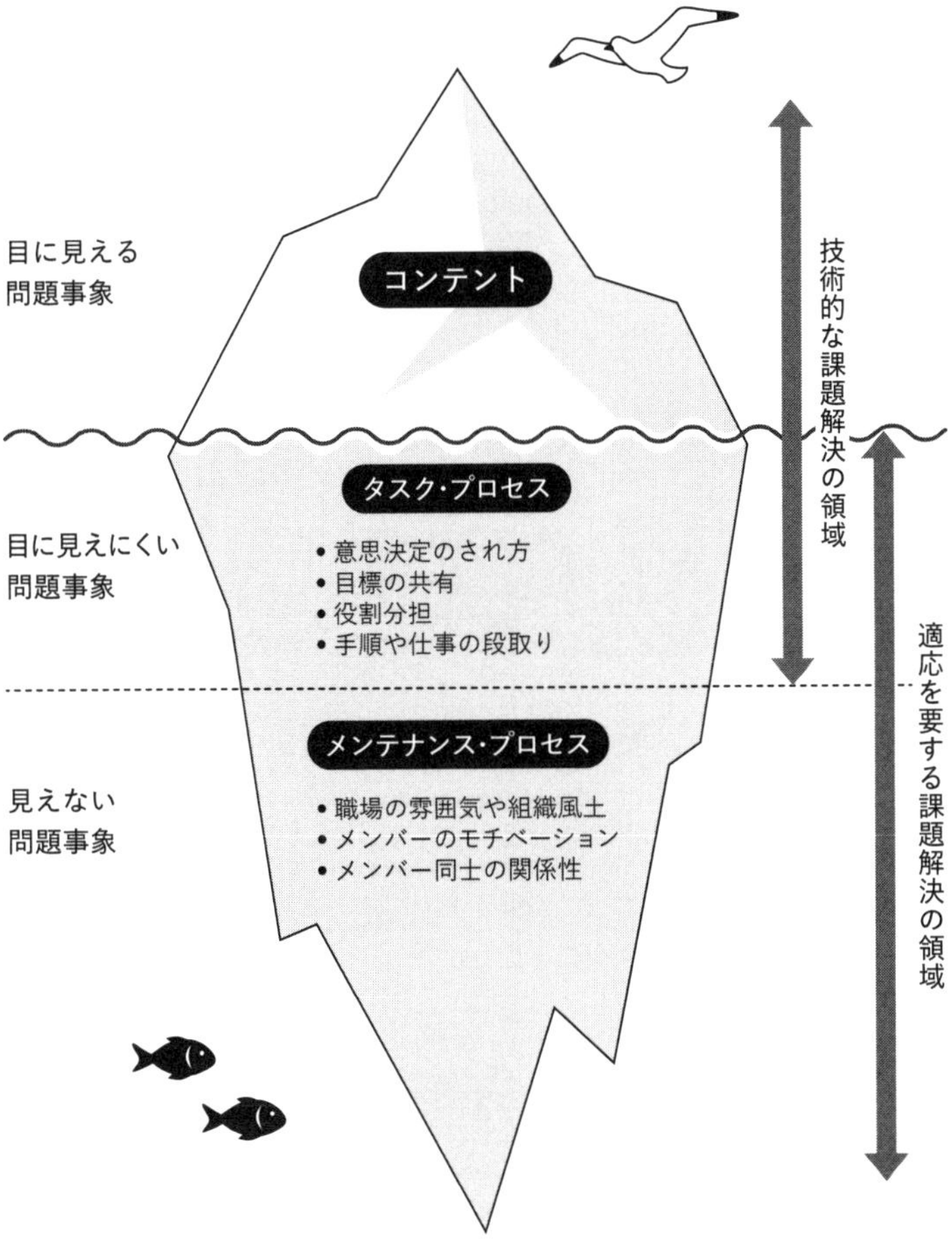

図3 社員が力を発揮できない原因【プロセス・ロス】

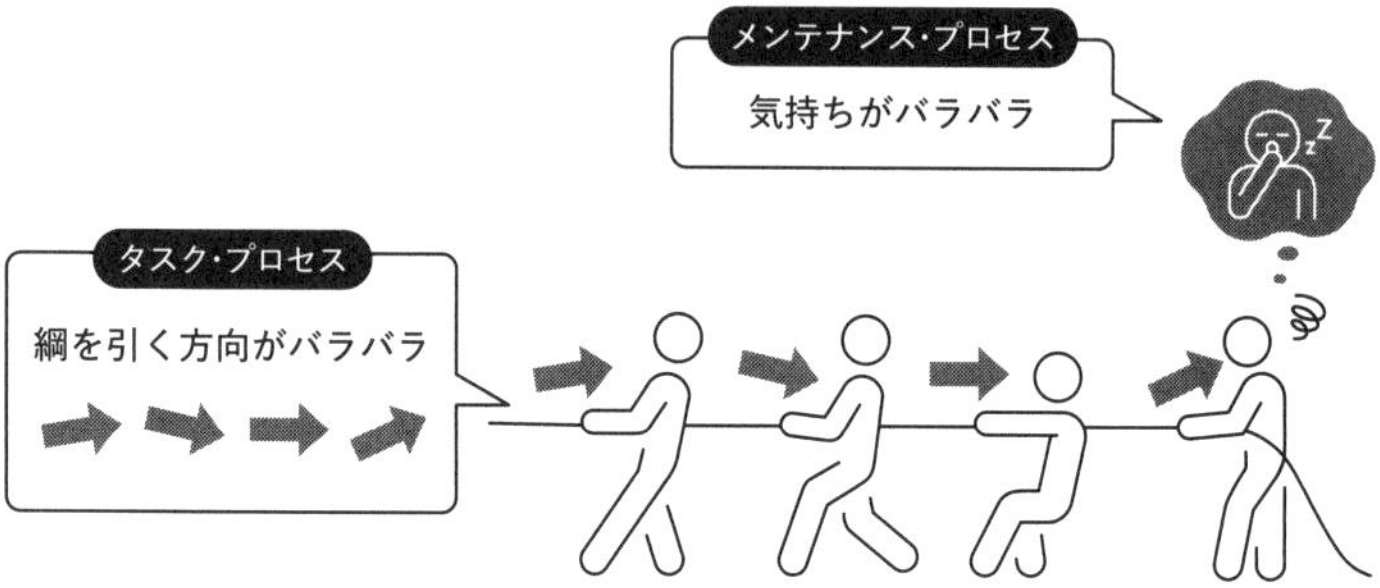

ぐってみんなで話し合って問題解決を図り、ひいては良い組織にする活動、それが組織開発なのです。起こっている事象がどのようなものであれ、それを組織の課題であるととらえ、みんなで検討し、改善していきます。

イメージしやすいように、図3のような綱引きで説明してみます。

みんなが持てる力をフルに発揮することで綱引きは成立します。平均的な力量のメンバーが4人いるなら、力の総量は4。でも、さまざまな要因で4にならないことがあります。

要因は大きく2つ考えられます。

一つは技術的な問題。たとえば引く方向がバラバラであれば、力が結集しないことになります。つまり、綱の引き方というタスク・プロセスに課題がある、という状態です。

もう一つ考えられるのは、4人の気持ちがバラバラで本当の力が出ないこと。たとえば、メンバーのなかに、仕事のミスで怒られてしまい、気分が沈んでいる人がいるのかもしれません。あるいは、個人的な心配ごとが頭から離れない、ということもあり得ます。これらはメンテナンス・プロセスに課題があることを示しています。

4人で綱引きをするとき、4人の力を合わせれば「4」になるべきところが、そうならない場合がある。社会心理学者のスタイナーは、技術面、もしくは気持ち面での要因で起こるロスのことを、**「プロセス・ロス」**と名付けました。そして、プロセス・ロスについて次の公式を示しました。

> 実際の生産性　＝　潜在的生産性　－　欠損プロセスに起因するロス

本書の監修者である中村和彦さんは、著書『入門　組織開発』で、次のように説明しています。

日本企業における現代的課題のほとんどは、このプロセス・ロスに当てはまります。仕事に対するやる気、仕事の意味の腹落ち感、個業化による協働作業の減少、多様性の増大による協働の難しさなど、日本企業にはプロセス・ロスが生じる多くの問題があります。

ここでも、タスク・プロセスとメンテナンス・プロセスの両方を検証することの必要性が、端的に示されていると言えるでしょう。

なお、スタイナーは、「プロセス・ゲイン」という概念も紹介しています。組織における相乗効果で、メンバーの潜在的な能力を超えて、より大きな力を発揮することがあり得るという考え方です。話し合いによってそれまでに誰も思いつかなかったビジネスのアイデアが生まれる、というのはその一例です。

組織開発の第一歩は「対話」による関係づくり

では、どのようにタスク・プロセス、メンテナンス・プロセスを検証していくかについいて、先に示した「成功の循環モデル」の観点から考えます。

組織開発の始まりの多くは、**「対話」による関係づくり**からスタートします。タスク・プロセスとメンテナンス・プロセスに目を向けて対話を行うことで、メンバーは自分たちのどのようなプロセスからモヤモヤが起こっているのかに気づくことができます。

自分たちでモヤモヤの要因に気づくという体験は、自ら現状を変える意志を生み、どのように関係を変えていけば良いかを話し合う一歩にもなります。次の行動へのモチベーションが生まれるのです。

互いのモヤモヤの要因をめぐって対話していく過程で、安全で話しやすい雰囲気（心理的安全性）が生まれ、関係の質が向上し始めます。

関係の質が良い方向に変化すると、互いの考え方に影響を受けることから、メンバーの思考の質が変化し始め、それが行動につながっていきます。

新たな考えやアイデアが生まれたり、他者の提案を受け入れやすくなったりするなど、メンバーの変革行動も始まっていきます。

対話による関係づくりを行い、モチベーションの高い変革行動につなげる。これが組織開発の初めに目指すことなのです。

「対話の環境づくり」から始めよう

組織開発は、始まりからゴールまで、すべての過程が「対話」によって進められます。ここでは一般的な言葉としての対話ではなく、組織開発の文脈のなかで使われる「対話」について説明しましょう。

まず、組織開発の文脈で使われる対話の目的は「関係づくり」となります。そこでまずは、安心安全に対話ができる環境を整えていく必要があります。

環境づくりのポイントの一つは、**場所に関する配慮**、もう一つは**原則となるルールづくり**です。

場所については、新たなアイデアを生み出すために、リラックスして話せる環境が大事です。

対話の場をどう整えるかには、組織やチームによって、さまざまなやり方があるでしょう。会社の会議室で、通常のミーティングと同じように集まっても良いですし、テーブルを片付けて椅子を丸く並べて座るのも良いと思います。あるいは、職場から離れた**オフサイトミーティング**[*1]というやり方もあります。リモート環境を利用しても、実りある対話は可能です。どのように場を整えれば対話が弾むか、チームや組織に合ったやり方を考えてみましょう。

対話の原則となるルールについては、グラウンドルール[*2]を決めることが大事です。グラウンドルールとは、その場が建設的なものになるようにするためのルールです。

たとえば、「人の発言を否定しない」など、メンバーの心理的安全性を確保し、忌憚なく本心を明かすことができる場の決まりを設定します。

組織開発の対話では「ポジティブなテーマ」を設定する

次に、対話には必ずテーマを設定します。テーマに沿った話し合いを行うのが対話の原則です。テーマのない自由な話し合いは「雑談」となってしまいます。

モヤモヤしたことについて話し合うので、モヤモヤをそのままテーマにしたり、話し合

＊1　社外の会議室など、職場を離れた「非日常的な場所」で行うミーティング。いつもとは異なる環境でリラックスして話し合いや研修を実施することで、新たな発想につながるなどの効果が期待できる。日本ではスコラ・コンサルトが商標登録している。

＊2　会議やミーティングを意義のある場とするためにあらかじめ定めておくルール。「人の発言を否定しない」「丁寧に人の話を聴く」など、会議をスムーズに進行させ、その場を活性化することを目的とする。

いの「ねらい」をよく考えたテーマを設定したりします。

たとえば、モヤモヤをそのままテーマにする場合は「良いチームって何だろう?」という問いかけが効果的かもしれません。

また、自由な話し合いから新たな考え方やアイデアの創出を対話に期待する場合は、「私たちの50年後のありたい姿は?」など、創造を促すような問いかけをテーマにすることもあります。

組織開発は、チームや組織の状態が「なんだかおかしいな……」と誰かが感じたところから始まるので、簡単に結論を出せるほどテーマが単純ではないのが特徴です。だからこそテーマの設定は丁寧に行われます。テーマ設定については、のちほど佐藤さんの事例を使ってより詳しく紹介します。

なお、**テーマは「なぜダメなんだろう」、というネガティブ(否定的)な問いかけではなく、ポジティブ(肯定的)なものが良いでしょう。**

「なぜダメなんだろうか?」というようにネガティブに問いかけるアプローチは、組織開発では**デフィシット・アプローチ**と言われます。問題に対してその原因を探るために、あらかじめ設定された基準と現状とのギャップに焦点を当て、それを問題として特定し、修正や改善を図るという原因追及型アプローチです。これは、問題が明確な(モヤモヤしていない）場面であれば有用です。

しかし、モヤモヤの正体を探るような組織開発では、活力のある対話になりにくいアプローチとなります。

「だって〇〇だから」という言い訳が並んだり、「何（誰）が原因か」という責任者追及が起こったりしてしまうからです。

すると、結果がうまく出ないためにやらされ感が出てきて、組織のメンバーを疲弊させるとともに、組織の持続的成長が維持できなくなります。新たな考え方やアイデアの創出も期待できません。

異なる意見・考え方に「気づく」場を目指す

実際に対話を始めた場合の注意点も紹介しておきましょう。

テーマに関する事実や考え方・アイデア、そしてそれに対する一人ひとりの気持ちなどにも注目して、丁寧に時間をかけて掘り下げていきます。

もちろん、異なる意見が出てくることもあります。結論を一本化する「議論」の場合は、どちらかが折れる、我慢する、ということになりますが、対話はそうではありません。異なる意見を聞いて初めて、自分とは違う考え方に「気づく」。相手の言葉に耳を傾けながら自分も意見を伝えていく。

このような双方向のやりとりによる深い話し合いのなかで、関係の質が良い方向に変化したり、参加者自身も驚くような新しい発想が引き出されたりしていきます。

このように、メンバー間の意見の違いを受け入れられる場が対話で目指すものとされています。

対話の「ファーストステップ」とは？

ここで再び、CHAPTER 1の佐藤さんに登場してもらい、対話のテーマ設定についてより具体的に見ていきましょう。

組織開発を始めようと決めた佐藤さんは、メンバーに集まってもらい、定期的なミーティングの実施を提案することにしました。リモートワークが普及して以降、メンバー全員が対面で顔を揃えるのは、実に久しぶりのことです。

「ご足労いただき、ありがとうございます」

メンバーに向かって「ご足労いただき」という表現はおかしいかな、と思いながら、佐藤さんはメンバーのほうに目を向けました。会社の広い会議室で、机を隅に寄せ、椅子だけを円形に配置してそれぞれ座っています。

「業績が下がってきていることは、みなさんもご存知だと思います。そのことも課題ではありますが、それよりむしろ、みなさんがどういう気持ちで仕事をしているか、それが気になっています。転職者も出ました。ここで、もう一度、良いチームにするために、みなさんの知恵を借りたいのです」

その言葉に、メンバーは戸惑いの表情を浮かべました。隣の人と顔を見合わせる人もいます。

「こういうことをやるのは初めてですが、最初に『良いチーム』とはどういうチームなのか、みんなで話し合いたいと思っています」

それを聞いて、年長の田中さんが挙手しました。

「なんだか、突然言われて戸惑っているんだけど。そんなことを話し合って何になるのかな？」

忙しいのに、急に集められて迷惑だ。言葉の裏にはそんなニュアンスが感じられます。ほかのメンバーも田中さんに同調しているような雰囲気です。

「そういうことが必要なんじゃないか、と思うんです。でも、いきなり話してください、と言っても難しいですよね。紙を配るのでそこに意見やアイデアを書いてみていただけますか？　テーマは『良いチームの定義』についてです」

腑《ふ》に落ちない、と言いたげな表情の人もいますが、好奇心を抱いたメンバーもいるように感じます。やったことがないことをやるということには、興味をそそられるのかもしれません。

紙を配ると、それぞれが考え、書き始めました。

佐藤さんが選んだテーマ「良いチームの定義」は、先ほど紹介したように組織開発の対話の場において実際に投げかけることが多い問いです。

組織開発は、良い組織づくりをするのが目的なので、**「良い」の基準、物差しが必要になります。**

「良い」の基準には正解があるわけではなく、イメージの違いも当然あります。それを話し合い、ハッキリさせ、互いの違いを味わってみることが大事です。それらをすり合わせ、チームとしての理念のような共有すべき価値観としてまとめられればベストでしょう。

「良い」が抽象的過ぎるとするなら、「いままでにあった良い経験」について聞くというのも有効です。「チームとして良かった経験」や「自分が成長したと思う体験」など、具体的な良い経験を振り返ってもらうのです。

そうすると、みなさんそれぞれ、一生懸命に思い出して話してくれるものです。それをもとにして、みんなで「良い」とは何かについて話し合いをしてもらいましょう。

なお、佐藤さんの「紙に書いてください」というやり方は、ファーストステップとしてはとても優れたやり方です。

日頃、対話の習慣がないチームで、いきなり「話し合いましょう」と言ったところで、スムーズに始められるとは思えません。警戒される可能性もあります。

メンバーの相互理解を促す対話の「テーマ」とは？

メンバーの相互理解を促すという点では、まず自分たちがどうして同じ組織に集まっているか、そこで何をしようとしているか、チームの「ゴール」を確認することも大切になります。

なぜなら、チームのゴールは、実は人によって違う意味付けをしているのが普通だからです。

たとえば、時間軸の違いによるズレが考えられます。

上位管理職などは5年後、10年後のことを視野に入れて、「世界に問うべき商品をどうやって作るか」というようなことを考えている。

一方、現場のメンバーたちは目の前のこと、せいぜい半年後ぐらいがゴールイメージになっていたりします。

立場の違いによるズレはありながらも、「そもそもこのチームは何を目指しているのか」ということをみんなで言語化して比較してみる、というのもよく使うテーマです。

「仕事の棚卸し」というテーマも、よく使われます。単純に最初は自分の仕事をとにかくただひたすら書いてもらう。人によって粒度がバラバラということもありますが、お互いの仕事をほとんど知らなかったことに気づき、その発見から助け合いが生まれることも期待できます。

同じ部署にいても秘書の仕事はほかの人とは異質なものですから、話をして初めて「そんなことをやってるんだ」という発見があるのです。これが、仕事の棚卸しの面白いところですし、相互理解の一助にもなります。

「ファシリテーター」を効果的に使う

対話の過程では、さまざまな意見が出てきます。

組織開発では異なる意見が出ることは良いことだと考えます。

正解を求めるための問いではない、ということを共有しながら話し合いを進めます。

このとき、話し合いの雰囲気や状態に対するフィードバックを行うファシリテーター[*3]がいると、実りある対話が進めやすくなります。

ファシリテーターは外部のコンサルタントに依頼するケースもありますが、社内で養成するケースも少なくありません。

ファシリテーターのフィードバックを受けながら、話し合いがいまどういう様子であるか、改善すべき点は何か、といったことを話し合っていきます。

そこから出てきたアイデアについて、CHAPTER 1で述べた「効果性」(目標達成ができる)、「健全性」(明るくイキイキ元気がある)、「継続性」(良い状態を自分たちで継続できる)の観点から検証し、最適な方法を見出していきます。

「小さな声」も拾うためのひと工夫とは？

対話の現場でしばしば起こるのが、「声の大きい人」「偉い人」が最初のひと言を発すること。これによって場の空気が決まってしまうことです。

これをすると、「声の大きい人」や「偉い人」に合わせた意見しか出てこなくなります。

その点、佐藤さんが行った「紙に書く」という方法は、テーブルの上に参加者全員の意見を載せる、という意味でも効果的です。

これなら、たとえ新入社員であっても思うところを伝えることができます。小さな声を拾うことができ、順番に話を聞こう、という流れをつくることもできるでしょう。

さて、佐藤さんは3回目の対話を始めたようです。

2回目の話し合いでは、「良いチームにするために、自分ができることは何か」というお題を出して、紙に書いてもらいました。

「人の意見を受け止める」「否定しない」「自分を主語にして発言する」など、いくつかのグラウンドルールを決めて、それぞれが自分の考えを発表しました。それに対してみんながコメントをするという流れで、話し合いを進めました。

まだ恐る恐るという感じもありましたが、佐藤さんは、徐々にメンバーの参加意欲が高まってきたと感じています。

――「へえ、山田くんは弟2人、妹1人なんだ。だからリーダーシップがあるんだな」

＊3　会議や研修などにおいて参加者の活動を支援し、舵取りするのがファシリテーション。具体的には、集団による問題解決、アイデア創造、合意形成など、あらゆる知識創造活動を支援し促進していく働きを意味する（日本ファシリテーション協会による定義）。その役割を担う人がファシリテーター。

ベテラン社員の田中さんが驚いたように言いました。山田くんは、若手メンバーの中心で、いつも明るくみんなをまとめる存在です。

3回目の話し合いは、意外な方向に話が進みました。リモートワークの良い点とマイナス点についてみんなが自分の経験を語るうちに、家庭の状況に話題が及んだのです。誰かがプライベートについて聞いたわけではありませんでしたが、自然と話題が広がっていきました。

田中さんも自身について語り始めました。彼は、2人の娘を持つ父親であり、大学、高校受験を控えて、家のなかは緊張状態にあるそうです。大声を出すのもはばかられる雰囲気ですが、田中さんはあえて明るく振る舞おうと、おやじギャグを連発しては白い目で見られていると苦笑いしました。

その様子を見ていた佐藤さんは、「メンバーのことを、いままで何も知らなかったんだな……」とつくづく思いました。

ただ、それ以上にハッとさせられたのは、若手社員から、「業務についてアドバイスを受けたいのに気軽に聞くことができない」という意見が出たことでした。

「コロナが収束したら、みんなで飲みにいきたいです」

最年少の女性社員、宮川さんがそう言うのを聞いて、さらに驚きました。若い人はそういうイベントを好まない、と思い込んでいたからです。もっとざっくばらんに話せる場で、仕事の意義や、効率的な手順を教えてほしい、というのです。

「話さないと、わからないことがたくさんあるな……」

佐藤さんは、対話の力を強く実感しました。

組織開発における「実践の4段階」

ここで、著者が考える組織開発の全体の流れをお伝えしておきます。図4に示したように流れを4段階に分けています。基本は「成功の循環モデル」に沿って、それを横に伸ばしたものです。

第1段階は**「関係の質」を整える**ことがテーマです。ここまでお話ししてきたように、

図4 組織開発の流れ

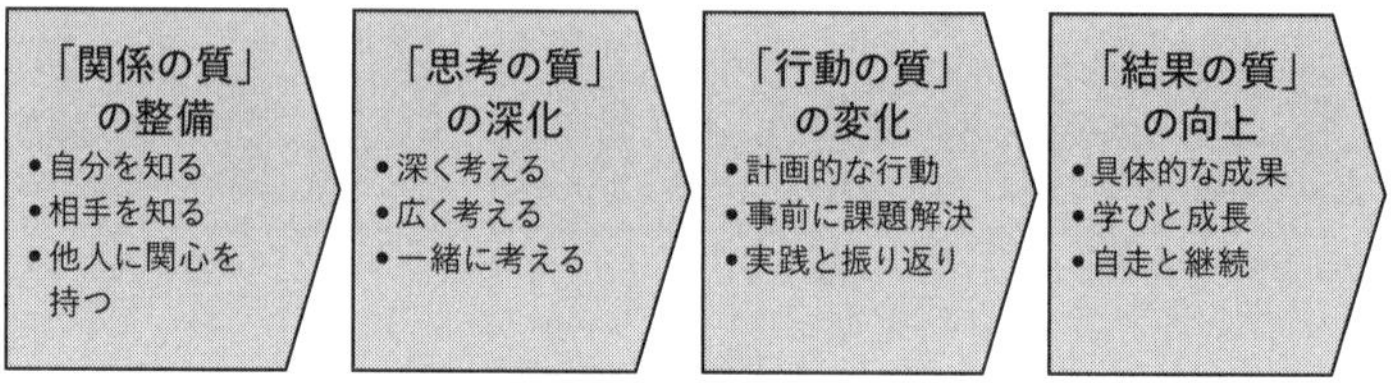

対話によって自分を知る、相手を知る、他人に関心を持つ、ということがポイントになります。

関係づくりができると、第2段階として課題解決など具体的な困りごとについて話し合い、**「思考の質」を深めるプロセス**に入ります。対話が成果に結びつくのが、このあたりからです。

第3段階では、計画的な行動や、実践と振り返りなどの**「行動の質」の変化**に取り組みます。

それを踏まえて第4段階は具体的な成果を問う**「結果の質」の向上**を目指します。そこまでに、対話を通して共有した良い習慣を継続する仕組みを整えるのが理想です。

すると、組織は良い状態を維持して「自走する」ことができるでしょう。

対話のチカラで「行動」が変わる

ベテラン社員の田中さんから「話がある」と言われたのは、対話を始めて3ヶ月ほどたった頃のことでした。

「たまにはランチでも行かないか」と言うのですが、何を言われるのか、内心ドキドキです。

みんなで「良いチーム」を目指して始めた対話は、隔週の習慣として定着しました。なぜこんなことをやらなければならないのか、という疑念は影を潜め、良い話し合いが続いています。業績が好転しているわけではありませんが、佐藤さんも手応えを感じ始めています。

向かい合った田中さんは、佐藤さんに向かってこう話しかけました。

「みんなと話し合いを続けてきて、いろいろ気づかされたよ。みんな、それぞれの考えがあるし、教えられることも多かったと思ってる」

佐藤さんは素直に田中さんの言葉にうなずきました。田中さんの仕事のスキルや言動には教えられることが多く、敬意を払ってきたつもりです。その田中さんが、教えられることも多かった、と言うのです。

「僕は、若い宮川さんたちにも、田中さんの経験を教えてあげてほしいと思っているんです」

そう言うと、田中さんは驚いたようにこう返しました。

「そんな風に考えているなんて思ってなかったよ。オレたちが下手に口出しするより、放っておいたほうが良いのかなと思っていた。そう思っていたなら、言ってくれたらよかったのに」

確かに、そうかもしれないと佐藤さんは思いました。どうして、経験を教えてあげてほしい、と言わなかったのでしょう。部下指導についても、自分がなんとかしなければと思っていたのかもしれません。

「そうですね。あらためてお願いします。若手に、いろいろ教えてあげていただけませんか？」

田中さんは軽くうなずきました。

「大丈夫。もう宮川さんだけじゃなく、若手を集めて勉強会を始めることにしているから」

ここで田中さんの姿勢が変わったことに注目してください。

良いチームの定義を考えることから始まった対話は、メンバーが互いにそれぞれの仕事に対する考え方を知り、協働する動きに広がりました。

チームがどうあるべきかを話し合うなかで、ベテランの田中さんが「若手に教える」ことの大切さに気づき、それまでなかった行動をとり始めようともしています。

この、**メンバーの「行動変容」こそが、組織開発が促す望ましい変化です。**佐藤さんにとっては、うれしい驚きだったに違いありません。

この変化は、対話を通じて関係の質を整えるというメンテナンス・プロセスへの働きかけがあったからこそだと言えます。

ベテラン社員の田中さんのような、これまで斜に構えていた人、気乗りしていない社員などが、あるときを境にガラッと姿勢を変え、前向きに転じることは珍しくありません。「これが組織にとって良いことだ」と腑に落ちた瞬間、人は変わるのです。

組織開発で起きる「メンバーの心の変化」とは？

ところで、「組織開発を始めると、こんなにスムーズに人の考えは変わるものなの？」と疑問に思いませんか？ あるいは、「自分のキャリアを他人に伝え、ほかの人の話を聞くことで、メンバーにさまざまな戸惑いや迷いが生じたりしないだろうか？」という疑問を抱くかもしれません。

初期段階に、メンバーの心の内では何が起きるのか。そのことについて少し考えてみたいと思います。著者の一人である高橋が調査研究を行い、学術的にまとめた論文をもとに、そのエッセンスを紹介しましょう。

結論から言えば、組織開発では、特に対話の場面において、相互に影響を受けることで、

メンバーの心の内にはさまざまな戸惑いや迷い、気持ちの揺れなどが生じていきます。

初めて知る同僚の本音に驚いたり、共感したり、同僚との意識のギャップに気づいて感化されたり、抵抗する同僚へのいらだちを感じたりします。

また、自分に対する同僚からの率直な期待を伝えられて驚きながらも「期待に応えたい」とも思います。しかし、対話の初期段階では、まだ本音で話せない関係であることに気づき、行動にまで結びつかない場面もあります。**「不安のなか、導かれていく」**。そのような体験をしているわけです。

おそらく佐藤さんのチームにも、同じようなことが起きたでしょう。ただ、丁寧に対話を重ねるうちに、共感する部分が増え、当初あった反感や違和感は薄れ、客観的に見るゆとりが生まれています。

ちなみに、ここから中期に入ると、対話を踏まえてアクションプランをつくり、チームや組織をあげて業務のなかでそれに取り組むというフェーズに入っていきます。

当初の不安は薄れていき、みんな**「とりあえず、やってみる」**ことを考えるようになります。

「大丈夫。もう宮川さんだけじゃなく、若手を集めて勉強会を始めることにしているから」という田中さんの言葉は、まさにそれを示すものです。

ただ、この過程でもメンバーは、さまざまな葛藤を抱えます。何を変えるのか戸惑ったり、どこまで関わるか、悩んだりします。

また、同僚の期待に応えようとしますが、急にうまくできないことから、自分への焦りが生じたり、できる同僚をうらやむ体験や、変われない自分への焦りを感じる体験をしたりします。

自分の力ではうまく行動できず、いざサポートしてほしいと周りを見回してみると、制度がない、困っていることを同僚に聞いてもらう場がないなど、現実の壁に阻まれる体験も起こり得るでしょう。

このような焦りや戸惑いのループを抜け出すきっかけは、社外のコミュニケーションに誘われたり、話を聞いてもらえる場が増えたりすることにあります。

対話の場が増えることで、勇気を持って困っていることを伝えられるようになり、助け合う姿勢や自分たちで変えていける自信も生じていきます。これは、まさにCHAPTER1で挙げた、「私ごと」を「私たちごと」にするということです。

もちろん、これらは調査分析によってモデル的にまとめたものです。あくまでこのようなことが起こる可能性が高い、ということです。

それでも、起こり得る可能性を知っておくことで、目の前で起きる感情的な対立などに驚くことなく対応やサポートができるようになるでしょう。

「対話」が「結果の質」につながる

対話を重ねた佐藤さんのチームは、その後どうなったのでしょうか。その様子を見ていきましょう。

「ここのところ、業績が伸びてるじゃないか」

ある日、佐藤さんは、廊下でバッタリ会った部門長に話しかけられました。対話を始めて半年がたち、定期的なミーティングは定着し、メンバーたちもすっかり慣れた様子です。

部門長が言うように、売上実績はじわじわと伸び始めていました。何か特殊な要因があるわけではなく、全般的に数字が上がり、全員が実績を少しずつ伸ばしています。

佐藤さん自身は客先に出向く回数を意識的に減らし、みんなをバックアップすることを重視するようになりました。

「数字も良くなっているけど、それ以上に、君のチームはみんな元気があるよな。役員会でも話題になったんだ。何か理由はあるのかな？」

そう言われ、佐藤さんは対話の効果をあらためて実感しました。

対話を重ねるなかで、みんなが互いの仕事の状況を理解し、ベテラン社員の田中さんの若手を集めた自主的なミーティングも日常の風景になりました。

佐藤さん自身、メンバー一人ひとりの個性を知り、それぞれにかける言葉も意識するようになりました。

加えて、業績の回復です。その陰には、話し合いのなかでの成功体験の共有もプラスに働いていると感じています。

「月に2回、自由な対話をするようにしています」

「対話？」

チームのなかで対話が広がり、これまではあまり接点がなかった人たちのあいだにもコミュニケーションが生まれたようです。

自分はきっかけをつくったに過ぎず、いわゆる強いリーダーシップを発揮したわけではない、と佐藤さんは考えています。

「いま、少しお時間はありますか？」

佐藤さんは部門長に言いました。

組織開発について話してみよう。30分で説明しきれるだろうか。

時計を見ながら、そんなことが頭をかすめました。

対話で重要な「5つの価値観」

最後に、CHAPTER 2の内容を踏まえ、組織開発の対話において重要な「5つの価値観」をまとめておきます。これは組織開発の権威であるロバート・マーシャクが示すもので、著者3人もまた、それぞれの経験からとても大切だと考えています。

組織開発は価値観ベースの実践と言われていて、これに沿って組織開発を始めることで、「手法ありき」で強引に働きかけることによる失敗リスクを軽減できます。

また、組織開発の過程で、停滞を感じたり、うまくいかないと感じたりした際には、この5つの価値観に立ち返ることで立て直しに役立ちます。

(1) プロセスの観察に基づく——タスク・プロセスとメンテナンス・プロセスに目を向ける

モヤモヤの背後にある、人と人との関係のプロセスで何が起こっているのかに目を向け、そのデータに基づいて対話を進めていくことを大切にしましょう。

(2) ヒューマニスティック――すべてのメンバーを大切に尊重する

あなたにも私にもみんなに価値があって、違いはあるけれども無駄なものは一つもありません。お互いの発言や考え方を大切にするという基本姿勢として対話を進めていきましょう。

(3) デモクラティック――小さな声を大事にする

誰もが発言でき、聞いてもらえる。それを大切にし、関係の質や思考の質が変容していくことを目指します。言い換えれば、共に成長し、学び合う場である、という考え方です。また、多くの人が参加したほうが意思決定のクオリティが高まり、効果的です。

(4) システム思考――さまざまな視点からアプローチしてみる

組織は生命体のようにそれぞれの部分が影響し合っています。全体の調子がおかしいときは、組織のどこかに不具合があるということ。普段、見過ごされがちな視点からアプローチすることで、組織が変わる可能性があります。

(5) 協働的――協働の精神を大切にする

共にアイデアを出し合って、何が必要かを生み出して考えていく。つまり協働関係を大事にするのが組織開発です。

なお、組織開発を進めるうえで、実際はさらにさまざまなことが起こります。それらについては、次のCHAPTER 3で具体的な事例と共に詳しく見ていきます。事例には、意識して組織開発を始めたものと、そうではないものがありますが、どの事例においても、前述した5つの価値観のいくつかを大切にしていたことは、ここで強調しておきたいと思います。

CHAPTER

3

7つの成功事例から読み解く組織開発「実践のポイント」

CHAPTER 3では、7つの事例を通して組織開発のはじめ方、進め方を見ていきます。中小企業2社、大企業2社、それに地域コミュニティ、街づくり、教育機関（大学）の事例をご紹介します。

企業に限らず、人が集まる組織には常に課題が生じるものですが、組織開発が組織の形態を問わず効力を発揮すること、また、はじめ方のポイントがおわかりいただけるでしょう。

ここからは組織開発の具体例を見ていきましょう。「中小企業」「大企業」「企業以外」の3つのカテゴリーに分け、7つの事例をご紹介します。

〈中小企業の事例〉

CASE 1　三和化工紙
CASE 2　ビッグスマイル

〈大企業の事例〉

CASE 3　パナソニックグループ
CASE 4　東芝テック

〈企業以外の事例〉

CASE 5　広島県熊野町
CASE 6　横浜中華街
CASE 7　南山大学 人文学部心理人間学科　中村ゼミ

組織開発を始めるきっかけや、目指す成果、進め方はさまざまですが、ここでははじめ方にフォーカスして見ていきたいと思います。

興味深いのは、組織開発について知り、当初から意図して始めた例と、そうではない例があることです。

また、その取り組みが、組織開発の観点から紹介するに足る要素がある、と著者らがとらえた例もあります。

いずれも、組織に生じたモヤモヤをメンバーによるコミュニケーションをベースにして改善、改革を図ろうとしていることが共通項だと言えるでしょう。

定量的に評価できる素晴らしい成果が上がった、という事例ばかりではありませんが、組織に良い変化が生じた、あるいは生じつつある、という点でも一致しています。

読者のみなさんの興味に応じて、どの事例から読み進めていただいてもかまいません。

中小企業の事例では、組織開発は、意外に気軽に始められるものだとおわかりいただけるでしょう。また、中小企業の組織開発では、トップの変化、成長が必要なことも語られています。

大企業の2つは、意図的に組織開発に取り組んだ事例です。CHAPTER 2までの内容を踏まえて、体系的に組織開発のポイントを学べると同時に、大企業ならではの組織開発のはじめ方もわかります。

企業以外の事例では、「組織開発は意外と使い道が広い」ことをご理解いただけるでしょう。本書では、地域コミュニティ、街づくり、教育機関の分野でどう組織開発が活かせるかを紹介します。

なお、それぞれの事例のあとには、著者によるポイント解説を掲載しています。また、監修者による解説も収録しましたので、あわせて参考にしてください。

三和化工紙

「モチベーションの低い職場」を変えた新米社長の職場改革

大阪府柏原市に事業所を持つ三和化工紙は、菓子の包装紙など、各種紙製品を製造・販売する会社です。現社長の三井貴子《たかこ》さんが入社した頃、会社は中小企業にありがちな組織文化の課題を抱えていました。社員の多くは仕事への愛着が乏しく、言われたことをやれば良いという姿勢。親族役員との関係もこじれていました。

三井さんは悪戦苦闘しながら、社員一人ひとりとコミュニケーションを重ね、意識と行動を変えていきました。社員のやりがいや達成感をどのように引き出してきたのか、24年間の歩みを振り返っていきましょう。

DATA

[会社概要]
三和化工紙株式会社
設立：1957年
資本金：1700万円
本社：大阪府柏原市
従業員数：35名
業務内容：菓子の包装紙など、各種紙製品の製造・販売

「お嬢ちゃん」と呼ばれた新米経営者

現社長の三井さんは、１９９９年に三和化工紙に入社しました。創業メンバーで長らく社長を務めた父親がガンを患《わずら》っていることがわかったためです。立場としては、次期社長含みで入社したことになります。

ただ、それまでは経営にもモノづくりにも携わった経験はありませんでした。大学を卒業後、システムエンジニアとして就職し、その後メーカーに転職して経理を担当。そこから、かねてよりの希望だった国語教員となり、公立中学校に３年６ヶ月勤めたという経歴です。

経営初心者としてスタートした三井さんの軌跡は、社内での地道なコミュニケーションを通じて一人ひとりの心を開く積み重ねだったと言えます。

三井さんの理想とする会社の姿は明確でした。

三井

入社３ヶ月後に父が亡くなったのですが、その１ヶ月前に私に話してくれたことがあります。それは、「社員一人ひとりにやりがいや達成感を持ってもらえる職場づくりをしてほしい」ということです。それから私は、ずっとそのことを考えてきました。

当時は30代で、年上の部下を説得する知見も持たず、業務内容や作業手順についてもよく理解できていない状態でした。経営者としてまだ力がなかった私は、陰では「お嬢ちゃん」と呼ばれていたようです。

そこから少しずつ、いろいろとトライし続け、ようやく理想像に近づいてきたのではないかと思います。

社風を刷新し、やりがいや達成感を持ってもらえる職場にする。それは簡単ではなかったはずです。さまざまな試行錯誤や社員の抵抗にも遭《あ》ったでしょう。その過程はどのようなものだったのか、三井さんのトライアルについて見ていきます。

三井さんが入社した1999年当時の同社は、収益力はあったものの決して良い状態ではありませんでした。

社長である父親が亡くなったあと、叔父（父の弟）が社長になりました。三井さんは、叔父とともに仕事はしてきたものの、その関係は冷え切っていました。

三井

父が亡くなって1週間後、叔父に呼ばれたんです。

今後の会社経営や、頑張れよっていう話かなと思ったら、「僕は君のお父さんとは仲が悪かった。散々な目にあったんや」と言われて……。恨み骨髄《こつずい》という感じで、2時間くらいそんな話を聞かされました。私が社長候補として急に会社にやってきたことを快く思っていなかったのでしょう。

とてもショックで、1年ほどはギクシャクした関係が続きました。そのようなマイナスからのスタートだったのです。

両者の関係のまずさもさることながら、より問題だったのは、経営陣と社員の関係でした。前社長の父親とは違い、叔父は社員の細かいミスや問題点を指摘するタイプで、褒めることはほとんどなかったそうです。

社員数十人という規模の会社では、社長の言動はきわめて大きな影響を及ぼします。「これでは退職する社員が出そうだ」と三井さんは危惧していました。

このままでは、父の遺した「社員一人ひとりにやりがいや達成感を持ってもらえる職場づくり」という想いからは遠ざかるばかりだ。そう感じていたのです。

社員の「誕生会」からスタートした社内改革

それから社内改革が始まりました。

ベースになったのは、コミュニケーションの改善です。

まず三井さんが始めたのは、信頼関係を構築するための社員の誕生会でした。

当時の社員は、「会社は与えられた仕事をして給料を得る場」という割り切った考えの持ち主が大多数で、「素」の個人としてのコミュニケーションは希薄だったそうです。

それでは、やりがいや達成感を感じられる組織はつくれない。そう考えた三井さんは、教員であった経験も踏まえて、素朴に互いを知り合う対話の場をつくろうとしました。

これには、経営者になってほどなく入会した、京セラ創業者の故稲盛和《いなもりかず》夫《お》氏が主宰していた盛和《せいわ》塾での学びにヒントがありました。

三井

塾生の方が社員の誕生会をされていると聞き、私もやってみようと思い立ちました。その月に誕生日を迎える社員に集まってもらい、ケーキを買ってきて、ちょっとした懇談会を始めたのです。

そこで話す内容は気軽で身近なものです。「いま、楽しみにしていることは？」「この1年どうしたい？」など、話題は月ごとに変えるようにしていました。

最初は半信半疑だった誕生会の開催について、意外にも楽しみにしてくれている社員が多いことに気づいたそうです。

職場のなかには、カジュアルに話せる場がほとんどなかったのでしょう。

当初は終業時刻後にファミリーレストランなどで開催していたこのイベントは、現在は業務の一環として位置づけ、就業時間中に社内で開催しています。

誕生会で手応えを感じた三井さんは、飲み会も意図的に開催していきました。

三井

幹部社員を集めての飲み会や、勉強会メンバーでの交流会など、いろいろなグループで飲み会を実施しました。

社員のみなさんはそこで話したことや、印象に残った出来事を覚えてくれていて、人とのつながりをつくるうえで、こうした飲み会はとても重要だと感じました。

コロナ禍の影響で一時中断していたこの活動も、２０２２年から再開しています。

酒食を社員で共にするという素朴なイベントは、三井さんが社員それぞれの人となりを知る場となったことに加え、社員同士がお互いを知る場としても貴重なものだったと言えるでしょう。

「互いを知る」コミュニケーションから「成果を上げる」コミュニケーションへ

これらの取り組みで信頼関係をつくりながら、コミュニケーションの改善策は次のステージへと進みました。

２００９年からは、経営状況を月次で社員に公開し、データをもとに対話を進めるようになりました。

狙いは、一人ひとりの会社への貢献を数字で実感してもらい、経営に参加意識を持ってもらうことです。

具体的には、部門別の採算管理資料を用いて「一次会議」と呼ぶ管理職ミーティングを開催。そこで前月の結果を確認し、今月の活動内容を話し合います。

次に、その内容を「二次会議」で管理職からチームごとに全社員に共有し、課題などについて対話してもらいました。40名近くの社員が全員で集まって2時間近くも会議をするのはかなりの負担になることから、会議は二段階に分けたそうです。

会社の状況を「見える化」して共有し、それぞれの部署で対話によって課題を抽出する。「お互いを知る」ためのコミュニケーションから、「成果を上げる」ためのコミュニケーションへとステージが上がったのです。

「積極的な空気」を生み出した、次世代経営リーダーの養成

続いて取り組んだのは、次世代経営リーダーの養成でした。

三井

それ以前から、さまざまなかたちで社員教育は進めていたのですが、2017年頃からは、「次世代経営リーダーの養成」を目的とした教育を実施するようになりました。

当時30代だった社員4名と、40代に差しかかったばかりの工場長の計5名でのスタートです。

そこではまず、経営理念の学習からスタートしたそうです。三井さんが策定した理念を素材に対話を進めてもらい、そこに三井さんが総括を加えていきました。

理念には、「結果を数字で出す」「表面的なやさしさは相手をダメにする」といった仕事に向き合う姿勢や社内の人間関係について、三井さんが大切だと思うことが箇条書きでまとめられています。

2年目以降は、テキストを1冊決めて輪読を進めていきました。稲盛和夫氏や経営学者ピーター・F・ドラッカーの著書などを読んで意見を交換し、対話を深めたと言います。

この次世代経営リーダー養成が組織を活性化するきっかけになった、と三井さんは言います。

三井

それまでは問題に気づいていても、「自分が言わなくてもいいか」「自分がやらなくても誰かがやってくれる」と考える社員が多かったと思います。

次世代経営リーダーたちは、こうした消極的なマインドから抜け出してくれました。「問題だと思うのなら何とかしようよ」「良くなりたいなら、こんな行動を取ろうよ」というふうに、一歩前に出て動いてくれるようになったのです。そんな行動にほだされて、「私もやってみようか?」と協力する人が周りからも出てきました。

社員の自己肯定感を劇的に高めた「人生の棚卸し」とは？

社内に変化を起こした次世代経営リーダー養成活動は、その後、部長と課長の勉強会へと発展し、組織全体での学習機運を高めていきました。

2020年3月からは、勉強会での学びを日々の仕事で実践してもらうよう、「管理職個人面談」をスタートさせました。

初期の対象者は、前述した次世代経営リーダー養成の参加者5名で、まずは一人ひとりの長所を引き出し、「やればできる」と自信を深めることに注力したそうです。

三井

子どもの頃に得意だったことは何？　という質問から入って、それを10個、20個と挙げてもらいました。その目的は、みんなの自信を引き出すことでした。

三井さんは、社員が自己肯定感を十分に持てず、三和化工紙の一員であることにも誇りを持っていないと感じていました。

社員のほとんどは、中小企業の三和化工紙を第1志望として入社したわけではない。最初の就職で失敗し、転職してきた社員もいる。そんな社員にやる気を出して働いてもらうためには、まず自信を持たせること。

そのために自分のこれまでを棚卸ししてもらうことが必要だと考えたそうです。

三井

子どもの頃のことでもいいから、得意だったこと、好きだったことは？　と聞くと、最初はみんな、「何もないですよ」と言うんです。

でも、そんなことはないはずです。

「よく考えて。たとえば25メートル泳げる？」

「泳げますよ、そんなん」

「それ、すごいよね。25メートル泳げるようになるって、誰でもできるわけじゃないよ」

そんな小さなところから、自信につながりそうなことを見つけて褒めるんです。


当初は2週間に1回だった個人面談は、その後3週間に1回になり、現在は1ヶ月に1

回のペースになっています。2021年3月には、面談対象者を管理職全体に広げました。

三井

面談によって、みんな素晴らしく変わったと思います。自分の得意なことに気づいて自信を持ってくれたり、「やればできるんだ」とわかってやる気が出たり――。

面談のなかでは、これまで学んだことを、どう具体的に業務に落とし込むかも話します。たとえば、いま困っている業務上の問題を挙げてもらい、「それを解決するために何が必要?」と問いかけるんです。気づいてもらったことについて、「じゃあ、それやってみたらどう?」とちょっと背中を押す。そんなことをくり返しています。

個人面談は、対象を全社員に広げ、三井さんと社員の対話によって、一人ひとりのキャリア形成を促す場へと進化しています。

三井

毎月1回、3人ほどと面談をしています。だいたい30分から40分ほどです。

初回は私を知ってもらうための雑談でしたが、2周目に入り、本来の目的だった「キャリア形成」に照準を合わせた話をするようにしています。
自分の仕事に充実感がないと充実した人生にはつながらない、ひいては長くこの職場を選んでもらえないと思うからです。
社員からは、まあまあ好評のようです。

自分の「素」を見せるコミュニケーションを通して、三井さんの目には社員が仕事の意義を考えるようになった、と映っています。

三井

面談をしている社員のなかに「社長に出会わなかったら、いまの人生はなかったと思う」と言った方がいました。

「それまでは毎日会社で働いて、帰ってビールを飲んで寝る、という毎日。仕事なんてそんなもんだと思っていたけど、自分がどう生きたいのか、何をなし得たいのかと問われることで、あらためて仕事について考えるようになった。その結果、人生における目標ができ、それに向き合うために仕事があると考えるようになった。これはすごい大きな変化なんです」

そう話してくれました。

このような施策を段階的に積み重ねてきて、三井さんは徐々に手応えを感じています。「関係の質」を高めつつ、一人ひとりが自信を持つことで、会社への愛着が芽生えました。その結果、組織に貢献するために何ができるかを社員が自ら考え行動するようになっていった。そう感じているようです。

三井

変化の一例を挙げると、毎週月曜日に行っている朝礼の場で、勉強会が開催されるようになりました。

それまでは、管理職が教訓めいたことやちょっとしたミニ知識を伝達することはあったのですが、いまはメンバーが入れ代わり立ち代わり開催しているのです。「展示会に出展したいので、ちょっと予算をつけても良いですか?」と自発的に動く社員も増えました。それまでも展示会には出展していたのですが、社長命令で仕方なくやっている、という感じ。そういうことを自発的に言ってもらえるようになったのも、大きな成果だと思っています。展示会で大きな商談が決まることもありました。

こうして三和化工紙では、さまざまなレベルでのコミュニケーションを重ね、社員の意識と行動は変わっていきました。それが業務そのものの質も変えつつあるようです。
しかし、まだまだ課題はあると三井さんは言います。

三井

社員のあいだに、まだ温度差があります。引き続き面談を重ね、自己肯定感を高めながら自主性を引き出す努力をしなければなりません。

相手のことを認め、素直に話すための「感謝」

最後に、冒頭で述べた叔父との経営のスムーズなバトンタッチについて触れたいと思います。

社長を継いだ叔父のもとで、どうやってこの状況を乗り切るか悩んでいた頃、先述の稲盛和夫氏が主催する盛和塾にて稲盛氏に直接話を聞いてもらう機会があったそうです。

叔父には退いてもらい、自分が社長になるべきだと考えたものの、それをどのように伝えれば良いのか迷いがある。

そう打ち明けると、稲盛氏が示した答えは意外なものでした。

「辞めてもらうんやったら、十分にこれまでの功績に報《むく》いて、それから感謝しなさい」

その言葉を反芻《はんすう》しながら、気づくことがありました。

三井

私には感謝がなかった、と思い至りました。叔父は確かに細かいことばかり言うし、内向きなタイプではありました。だけど、間違いなく会社を守ってくれていたのです。

父が営業体質で会社を空けることが多かったのに対し、叔父は社内にいて、細かいことを言いながら品質を守ってくれました。その功績は大きいのです。

それにもかかわらず、私はネガティブな部分だけを見て、「嫌いだ」とか、「うっとうしい」とか、「意見が合わない」とか思っていました。

そのことを、私は率直に叔父に伝えました。すると叔父は、「ほんまにそんなん思うてんのか」と笑いながら受け止めてくれました。

そして、社長交代をお願いすると、「ええよ。1年やってみて大変やったわ。交代させて」と言ってくれたのです。

まったく想定外の反応で衝撃的でした。それまで、ほとんどまともに向き合って話すこともなかったので、思い切って伝えて本当に良かったと思います。

「ポジティブに相手のことをまず認める」「感謝しながら率直に話す」という三井さんの姿勢は、社内改革の基本とも見てとれます。

社外から来て社長になり、社員のあいだには警戒する気持ちもあったはずです。逆境に負けず、時間をかけて対話を重ねながら、みんなの気持ちをほぐしていけたのは、三井さんのこうした姿勢があったからこそでしょう。

CASE1のポイント解説

積極的な対話の場づくりで生まれた「関係の質」「思考の質」の向上

三井さんは、組織開発の流れをご存じだったわけではありません。しかし、2つのポイントから、その基本に忠実な活動だったと言えます。

1つ目は、**コミュニケーション・プロセスに注目したこと**です。組織開発では、仕事の内容や成果よりも、コミュニケーションの状態やその裏に隠れた人の気持ちなどに注目して打ち手を考えます。

三井さんが自然とそれをできたのは、教育者として生徒一人ひとりと向き合い、話を聴いてきた経験が関係しているのかもしれません。

2つ目は、**対話型トレーニングで「関係の質」「思考の質」の向上を目指したこと**です。まずは誕生会や飲み会での話し合いを通じて、「関係の質」を高め、対話の下地づくりを進めていきました。

次に経営状態を見える化して「思考の質」を向上し、社員同士の対話を推進することで、仕事の話し合いが積極的に行われるようになりました。さらには、対話の場を次世代経営リーダー養成や管理職の勉強会へと発展させたことでも「思考の質」を高めていったのです。

中小企業の組織開発のカギは、経営者の「学習」と「成長」

三井さん自身の「学習」と「成長」も見逃せないポイントです。

中小企業とは、経営トップの影響力がとても大きな組織です。

組織開発の定義にある「効果性」「健全性」を保てるかどうかは、トップがどのような経営観――経営の目的や人間観――を持って社員と向き合うかで決まるとも言えます。

三井さんは、自身の経験と経営者同士の交流から内省を通じて学習し、経営観をまとめていきました。

社員がやりがいと達成感を味わい、一人ひとりが成長し続けることを前提として信頼関係を築き、社員が自信を持って行動できるように働きかけました。

このようにトップが学習によって経営観を練り上げ、それをもとに社員と対話する姿勢が中小企業の組織開発では欠かせません。

組織の自律を育んだ「ヒューマニスティック」の視点

さらに、三井さんが、「人の可能性を信じる」方向に視点を変えることができたという点も特筆すべきです。

CHAPTER 2で述べたとおり、組織開発には「ヒューマニスティック(Humanistic)」という価値観があります。お互いの発言や考えを大切にし、人間尊重をしていく、という考え方です。

組織開発の実践者に求められるのは、問いかけ、答えは当事者に任せるというスタンスです。つまり、「人の可能性を信じる」ことが大切です。

その点、三井さんは社員それぞれの可能性を信じ、引き出そうとしています。また自身の視点も、「次期社長」から「まだまだ学ぶべきところが多い」という成長の可能性を信じるものに変えています。

自分と社員の可能性を信じる視点で行動した結果、数ある抵抗を乗り越えながら組織の自律を育んでいくことができたのでしょう。

ビッグスマイル

「どんどん人が辞めていく」と向き合った経営者

都内を中心に飲食店を経営するビッグスマイルの経営者・江口慶《えぐちけい》さんは、社員の集団離職をきっかけに内省し、自身を成長させ、組織を大きく変えていきました。中小企業の組織開発では、トップの成長が欠かせません。ここでは、社員の集団離職やコロナ禍を経て、江口さんがどのように成長し、考え方を変えていったかを見ていきましょう。

DATA

［会社概要］
株式会社ビッグスマイル
設立：2007年
資本金：500万円
本社：東京都渋谷区
従業員数：50名（アルバイトを含む）
業務内容：イタリア料理店、チーズ・ワイン・総菜などの小売店を展開

順調に経営を拡大するなかで起きた「社員の集団離職」

2007年に設立されたビッグスマイルは、渋谷にイタリア料理の1号店をオープンしました。江口さんの実家は広島県の江田島で仕出し店を営み、幼い頃から両親の仕事を手伝っていたと言います。

自分の店を持つことが、子どもの頃からの夢であり、大学卒業後、いくつかの店で料理の修業を積み、その夢を叶えたのでした。

念願の独立を果たし、初めての出店をした頃、江口さんは事業意欲旺盛な拡大志向の起業家だったそうです。

経営は順調で、店舗数は10年で5店舗にまで増えました。

渋谷の1号店は、連日大繁盛で予約が取れないぐらいの活況が続きました。さらに、ピザを売り物にした2号店、広島の食材を使った魚介類メインの3号店と、順調に店舗拡大を進めていきました。

勢いに乗って店舗展開をする江口さんでしたが、この頃、ビジネスの壁を感じるようになりました。3号店を出した頃から、社員の退職が続くなど問題が起き始めたのです。

江口

経営についてもっと勉強する必要があるな、と感じました。それで、会社の税理士からの勧めもあって、経営大学院に通い始めました。無事にMBAを取り、これで経営もうまくいくだろうと4号店を出しました。

4号店もうまく軌道に乗り、続けて5号店も出すことになりました。

しかし、ここでまた問題が起こります。当時15人いた社員のうち7人が辞めるという集団離職です。

江口

結局、経営大学院で学んだのは、マーケティングだったり、ビジネスアイデアだったりと、手法に寄っていたように思います。

それも大事ではありますが、経営の本質ではなかったのかもしれません。社員の心の問題や、そもそも会社は何のためにあるのか、といったことは学んでいませんでした。

5号店を出したとき、既存店も含めて社員は朝から夜中まで懸命に働いていて、休みも取れない状況でした。それで半数が辞めてしまった。

大学院で学んだからといって本当に経営が良くなったかというと、全然そんなことはなかったと思います。

当時の社員との関わり方について、江口さんはこう振り返ります。

江口

事業を始めた頃の私は、拡大志向が強すぎたのだと思います。

ちょっと悪い言い方になりますが、社員のことを「事業を伸ばすためのコマ」として見ていました。

それでもみんながついて来てくれたのは、師弟関係のようなものができていたからです。

でも、店舗数が増えるにつれ、そのような関係とは無縁な社員も入ってきます。それなのに僕のほうは、相変わらず「規模拡大のために社員がいる」という感覚がありました。たぶん、それにみんなが気がついて、集団離職につながったのではないかと思います。

江口さんは、これまでに起きた出来事を内省し、経営塾に入塾して経営哲学を学び直しました。そこで自身の経営にかける思いをあらためて考え直し、理念やビジョンとして言葉に表しました。

●企業理念「世界中にビッグスマイル!!」
●経営理念「全従業員の物心両面の幸福を追求する」
●ビジョン「イタリアン業界日本一、外食産業日本一、１兆円企業をつくる、高収益有徳企業をつくる、企業理念の実現」

食を通じて一人でも多くの人々を笑顔にしたい。その対象は、まずは従業員である。一緒に働く一人ひとりの幸せを実現し、会社を１兆円企業に成長させるというストーリーです。

１兆円企業という壮大なスケールは、明確な戦略に基づくものというよりは、江口さんの経営者としての夢と野心が混じった心意気の表れでした。

スタッフ一人ひとりとの対話で、「本物の信頼関係」を築く

そこから、江口さんの社員に対するアプローチは変わっていきました。

江口

アルバイトも含めてスタッフ全員を集め、仕事終わりから「夜中の飲み会」をやっていた時期がありました。

僕がどんな思いでビッグスマイルをつくったかを、生い立ちも含めて語り、みんなにどうなってほしいかを伝えるためです。

いろんな経営者の方からは、労務管理の観点で「そんなことはやめろ」と言われたのですが、僕はやるべきだと思ったのです。

いまあらためて同じことをするかと聞かれれば躊躇《ちゅうちょ》するかもしれませんが、それがあったから、社員との関係性はすごく良くなったと思います。

少し極端な取り組みではありますが、この飲み会での対話を通じて、江口さんのなかで「社員はコマ」ではなくなっていったようです。

江口

社員の成長なくして会社の成長はないと、いまでは確信しています。僕は、どちらかというと、すぐに自分でやってしまうし、自分で答えを出してしまうクセがあります。でも、それでは人は育たないと思い始めました。

いまでは「江口さん、これどうしましょう?」と聞かれたら、「あなたはどう思う?」と言って考えてもらうようにしています。


江口さんの対話の取り組みは、それだけにとどまりません。

社員一人ひとりと40分の「個人勉強会」を週1回やるようになったのです。いわゆる1on1ミーティングです。

江口

「個人勉強会」では、企業理念や数字の話をしています。みんな、損益計算書などの数字のことはよくわかっていないので。

最初の頃は、全員に同じテーマで話していましたが、途中から一人ひとりに合わせてカスタマイズするようにもしました。

勉強も大事ですが、ここでは「つながり」を強めることにウエイトを置いています。悩みを聞いたり、世間話をしたりしながら学びを深めるというスタイルです。

僕にとってこの勉強会が良かったのは、関わりの薄かった社員が何を考えているかがわかってきたことです。

一人ひとりの心のなかにまで入り込まないと、本物の人間関係はできないのかもしれません。その一歩を踏み込めなかった人たちが、会社を辞めていったのかもしれないと思うのです。

江口

社員とのつながりを強めていった結果、コロナ禍になってからの約2年間は、1人も退職者が出なかったそうです。

しかし、2022年度に入ってからは、数名の中堅社員が退職していきました。

そこでまた考えたのですが、単純に安心・安全な場だから残る人もいますが、最先端の場所で仕事をしていることや、かっこ良い仕事ができることがモチベーションにつながるタイプもいる。

会社は危機を脱して安心・安全な場にもなってきたのかもしれませんが、もっと良い店をつくり、飲食業界での評価を高める必要もあると感じています。感度の高い社員が辞めていくというのは、たぶんそういうことなのではないかと。

だから、「良い会社とは何か」をもっと深く、はっきりと定義して、それをつくっていかなければダメだと思っています。

「ワンマン組織」から「ワンチーム組織」へ

コロナ禍が一時的に落ち着いた頃、江口さんは全社員を5回に分けて、広島の生産者のもとに派遣しました。交流と見学を兼ねた研修を実施したのです。

訪問先は、ビッグスマイルがコロナ禍で危機的な経営状況に陥った際に、「4月分の仕入額は全部いらないから」と江口さんを応援してくれた、広島県庄原《しょうばら》市の株式会社敷信村《しのうむら》農吉《のうきち》でした。

江口

あの出来事は、人に対する思いやりや考え方を変えるという意味で、かけがえのない学びになりました。社員にも、そこに気づいてほしかった。

生産者の方々のおかげでおいしい食材を使わせてもらえるし、彼らの食材へのこだわりや哲学が、本当にお客様に伝わるんだということを、どうしても知ってほしかったのです。お金はかかりましたが、スタッフの学びは非常に価値あるものだったはずです。

見学を受け入れた敷信村農吉の中岡和己《かずみ》社長はこう語ります。

中岡

取引が始まった当初から、江口さんは広島の食材を積極的に使いたいという気持ちが強くあり、私たち生産者に対しても、決して安く買い叩こうという姿勢はありませんでした。

そんな生産者を大事にしてくれている方がコロナ禍で苦戦しているということで、江口さんに直接お電話して、いまは支払いはいいですよ、とお伝えしました。

それまで助けてもらっていたという気持ちがあり、自分がいま何をできるかと考えたときに、少しでも恩返しがしたい、できることをやろう、と思ったのです。

ビッグスマイルの社員たちは、敷信村農吉の生産現場を訪れ、中岡さんの人柄に触れ、生産者の食材に込めた思いとこだわりに直に接しました。そのときの様子を江口さんはこう振り返ります。

江口

チーズの製造工程を見て、飲食、小売りのスタッフを問わず、みんな楽しそうでした。事後のアンケートも圧倒的に満足度が高かったです。

生産者の方々は、製法など詳しいことも教えてくれました。飲食店にとって、食材の生産のことやバックグラウンドを、ストーリーを持って話せるのはすごく大事なことですから。

社員とのつながりを大事にし、さらに生産者とのつながりも強くする。江口さんの姿勢からは、生産者までを含めて「ワンチーム」と考え、事業を進めていこうという意志が感じられます。

会社を拡大することももちろん大事ですが、自分一人の起業にかける思いだけでなく、関わる人すべてがハッピーでいることが良い会社の条件だと発見したのかもしれません。

ビッグスマイルは、もともとは江口さんの個人的な事業意欲によって興された会社でした。それがいままでは、社員はもちろん社外の生産者も含めて、「私はビッグスマイルの一員だ」と感じられるオープンな組織へと変貌したのでしょう。

こうした感想をぶつけたところ、江口さんは冷静にこう答えました。

江口

実はまだ、あまり変わってないんじゃないかと思っています。

「全従業員の物心両面の幸福を追求する」という経営理念は常に頭にはありましたが、本気でそこに向き合っていなかった。コロナ禍の2年間で、ようやくそれに気づくことができたという段階です。

「飲食で1兆円企業をつくる」という夢はこれからも変わりませんが、単に大きくなれば良いというわけではありません。

従業員一人ひとりが幸せになり、事業が世のなかのためにならなければいけない。その結果が1兆円企業なだけであって、それ自体が目的ではない。

飲食店や小売店として、地域のお客様にどうやって喜んでもらうのか、そのなかで従業員に幸せを感じてもらうためには何が必要なのか。それをとことん考えて実現することが一番大切だと思っています。

CASE2のポイント解説

組織を良い方向に向かわせた「3つの変化」

最初に注目したいのは、江口さんの経営スタイルの変化です。

1つ目のポイントは**トップダウン型から支援型へとリーダーシップのスタイルをシフト**させたことです。

これは、リーダーの意識を変えるだけではなし得ません。「安心・安全な職場」が大前提となりますし、「自律型人材の育成」も必要になるからです。

そこで、2つ目のポイントである**対話型の経験学習施策**をスタートさせます。「夜中の飲み会」も「個人勉強会」も、なかば強制的に機会をつくって社員の「関係の質」を整え、「思考の質」を深化させていったアプローチと言えます。

さらに、もともと拡大志向で「社員はコマ」と考えていた江口さんですが、「従業員とのつながりを大切にする会社」へと**自社ストーリーを変化**させます。

組織開発には、語られる言葉が社会を構成していくという**「社会構成主義」**という考え方があります。その考え方に基づき、ネガティブなストーリーをポジティブに変化させていく手法を**ナラティブ・アプローチ**と言い、傾聴する、話し合うことが重視されます。

3つ目のポイントは、**会社の枠を超えたチーム化**です。

江口さんは持ち前の行動力とオープンマインドな気質で、関係者を巻き込んでいきました。生産者の現場で研修を実施し、レストランや小売店の上流工程にあたる生産現場を実際に見て話を聞くことは、「関係の質」だけでなく「思考の質」を一気に高める効果的な施策であったと言えます。

ビジョンに込める「意味の書き換え」が空気を一変させた

さらに注目したいのは、「日本一」「1兆円企業をつくる」という**経営ビジョンが放つ「言外の意味（ディスコース）」を良い方向に書き換えられた**ことです。

このビジョンは「世界中を笑顔にしたい！」という純粋な意志を示すものですが、同時に江口さんの個人的な野心など、多少利己的なニュアンスを含んでいたのかもしれません。

これを江口さんは、社員の集団離職を機に見直しました。その結果、個人の成功の象徴という意味合いは薄れ、おいしい食材を生産し、加工・調理してお客様に届けるという一連の営みを象徴する文言となりました。

そのディスコースの変化によってビッグスマイルは変わりました。江口さん自身が周囲への働きかけを変えたことで社員との関係は近づき、さらに外部の生産者までを巻き込む。こうして組織の空気は一変したのです。

パナソニックグループ

「人と組織のポテンシャル」を引き出し、自己実現と事業成果の両立を目指す

グローバルで23万人もの社員を擁する巨大企業パナソニックグループでは、2015年から組織開発の取り組みが始まりました。そのきっかけは、「優秀な人材が揃っているのに、なぜ事業成果につながらないのか」という一社員の問題意識でした。

自分のWILL（意志）と組織のWILLを闊達《かったつ》に語ることができ、社員の自己実現と事業成果の両立を目指すパナソニックの組織開発について、「事業部や部署を直接支援する活動」「自走支援活動」「啓発活動」という3つの側面から詳しく見ていきましょう。

DATA

［会社概要］

パナソニックグループ
設立：1918年（大正7年）
本社：大阪府門真市
従業員数：233,391人（2023年3月31日現在）
業務内容：家電、住宅、車載、BtoBソリューション、デバイスの5つの領域に事業展開する国内No.1の総合電機メーカー。2022年4月に持株会社制へ移行。

「優秀な人材」が活かされていない。大企業が抱える重要課題に取り組む

ここまでは、社員数が100人以下の企業で実践された組織開発の具体例を見てきました。では、大企業が風土を刷新するためには、どのように取り組めば良いのでしょうか。

同じ企業であっても、部署ごとに課題は違い、コンディションも異なることから、トップダウン方式のやり方ではうまくいきそうにありません。それぞれの部署の実情に合った取り組みをする必要があるのです。

では、23万人以上の社員を抱えるパナソニックグループでの事例はどうでしょうか。

同社の組織開発は、2015年に専任部門を立ち上げたところから始まりました。

技術部門に所属していた大西達也《おおにしたつや》さんが志願して本社人事部門に異動し、ゼロから組織開発をスタートしたのです。

人事部門へ異動する前から、大西さんには「優秀な人材が揃っているのに、なぜ事業成果につながらないのか」という素朴な問題意識がありました。

そして、問題の本質を考えていくうち、「真の原因は、『人の心のなか』と『空気』にある」という仮説にたどり着きました。

2016年に組織開発専任部門に合流した前川《まえかわ》督之《ただゆき》さんが当時を振り返ります。

前川

たとえ現状に不満があったとしても、やりたくないことをやるのが仕事。仕事とはそんなものだ。そんな考えを持つ人が多かったように思います。

当時は、思いや考えをなかなか伝えられない空気もあり、上司は「言えば不満を持たれる、恥をかきたくない」と考えていました。一方、部下は「言うと否定されたり、責められたりする」と考えている。そんな恐れがあるように感じていました。

そこで大西さんは、かかわり合い方や空気を変える組織開発が有効ではないかと考えたのです。

組織開発の実現のために、大西さんは当時別の部門にいた前川さんと相談して、社長に直接メールを出すという大胆な行動に出ます。

問題意識を直接伝え、会社として組織開発を実践することを進言したのです。

前川

そんなに大げさなことではありません。会社としての困りごとに対して「こんな策がありますよ」と提案したものが、当時の社長の組織に対する課題認識と合っていたのだと思います。あえて言えば、運が良かったのでしょう。

その思いは伝わり、無事に組織開発活動の立ち上げが承認されました。二人はまず、組織開発とは何かを定義することにしました。

前川

組織開発が何かを誰も知らないし、大西さんも手探りの状態でした。そもそも組織開発は、一般にアンブレラワードなどと言われ、多様な定義があり得る、さまざまな要素を包み込む活動です。

そこで、パナソニックとしての定義を、「人と組織がもともと持っているポテンシャルを引き出すことにより、成果と自己実現を促進する活動」と定め、自社ホームページなどで発信し、仲間を募りながら活動を開始しました。

こうした広報活動の成果もあり、２０１８年には、戒能《かいのう》直美さんと礒貝《いそがい》あずささんが組織開発活動に合流しました。

戒能

組織開発のホームページでこの定義を見たとき、すごく心に響きました。もともと私は技術部門の出身で、人事部門とはまったく縁もゆかりもありません。でも、定義を見て、私もこんな活動がしたいと思い、興味を持ったのが始まりです。礒貝さんもそうですよね。

礒貝

そうですね。特にホームページ内の「内省と対話」というワードに衝撃を受けました。会社のなかで「内省」というワードを聞くとは思っていなかったからです。そこで私も自ら手を挙げて異動し、組織開発の活動に参画しました。

弊社は、人も組織も非常にポテンシャルがあるのに蓋《ふた》をされているよね、というのが私たちの基本的な共通認識でした。

蓋を取って外に出すことが事業成果と全員の自己実現の両方につながる。両方という点にもこだわって活動しています。

パナソニックに見る、組織開発「3つの活動」

その頃、産業界では「働き方改革」が一つのキーワードとなり、企業もさまざまな対応を始めていました。

パナソニックでも、2017年11月に「働きがい改革推進」を標榜して、A Better Workstyle 編集局という部署が発足。

組織開発は、この「A Better Workstyle ＝働きがい改革」の基盤となる施策と位置付けられ、展開を本格化します。

ここからは、パナソニックの組織開発を3つの活動から見ていきたいと思います。

①事業部や部署を直接支援する活動

②自走支援活動

③啓発活動

この3つの活動を通じて、パナソニックは組織開発を進めていきました。それぞれ詳しく見ていきましょう。

①事業部や部署を直接支援する活動 ――「やる気のある部門」に働きかける

次ページの図5は、パナソニック全社における組織開発の展開イメージをまとめたものです。

このうち「事業場支援」とは、それぞれの事業場（事業部、本部、センターなどの事業単位を表すパナソニックの呼称）が抱える課題に対して、事業場と相談・協力しながら適切な支援を実施する活動です。

そのほかにも、社員の階層ごとにさまざまな仕掛けを施しています。

中間管理職などのミドル層に対しては、組織開発の基本を知ってほしいということから、eラーニングや実践基礎講座を開くなどのアプローチを行います。

組織開発交流会や勉強会など、事業場間に横串を通す試みもあります。

あの手この手で理解を促進しながらネットワークをじわじわと広げていきました。

図5　パナソニックの組織開発　主な取り組み（ダイジェスト版）

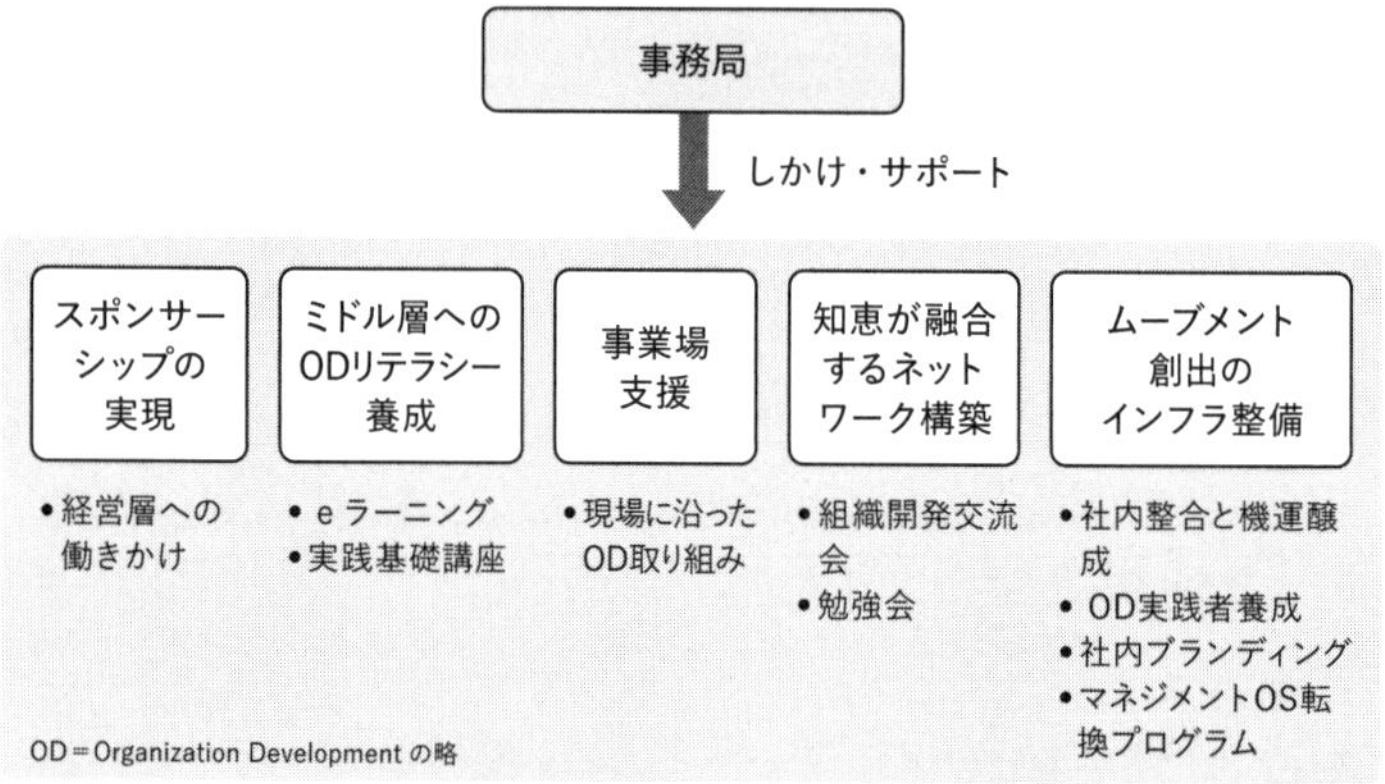

決して上から指示を落とすのではなく、**あくまで現場の要請に応じて事務局が動く**というやり方を取っていると言います。

戒能

まずは情熱のある部門からやりましょうということで、手を挙げてくれる事業部長やセンター長がいるところから活動を始めました。

礒貝

やる気のないところに無理やり押し売りに行っても、あまり意味がないなと。困っているところじゃないと、なかなか本気で取り組んでくれないと考え、そこからの相談を受けて活動を開始していました。

戒能

これがけっこう、大企業ならではのツボである気がします。いきなり全体からドーンとやるのではなく、やりたいと手を挙げたところから広げていくのです。

ある事業場では、従業員意識調査の結果が年々悪化していることから、事業部の人事部長から依頼があり、3年がかりで支援しました。

メンバーが思っていることを言えていない状態で、部門間の連携が悪い、という問題意識が人事部長にあったのです。

そこで、関係性づくりを意図して、階層別の対話の場をくり返しつくることからスタートしました。「幹部チーム」の意識合わせの対話も進め、そこで課題の共有を図りました。

その過程で、メンバー間での事業ビジョンの理解が不十分だったことが明らかになり、それをテーマにした対話をくり返しました。

礒貝

その結果、従業員意識調査の結果は3年続けて改善していきました。数値で結果が出ると事例としてもアピールしやすいですし、組織開発活動での変化を周囲も実感できます。

幹部チームの人たちからも、「以前は互いに思ったことが言えない空気だったけど、だんだん変わってきた」という声が挙がっています。

戒能

支援の際によく聞こえてきた声が、「言ったもん負け」だったんです。「言っても何も変わらないし、言ったら自分がやらされる。じゃあ言わないでおこう」という空気がすごくありました。

でも、「思い切って言ってみたら、案外ほかの人も同じことを思っていた。言ってみたら変わるんだ」と実感できるようになったことで、空気がだんだんと変わっていきました。

また、別の事業場では、組織のトップから「イノベーションを起こすためにコミュニケーションの質を上げたい」という相談がありました。

これに対して組織開発推進室が提案して、トップと部長職で一泊二日の合宿形式でオフサイトミーティングを行いました。

そこでは、1人45分ずつ自分のことを語り、お互いを知る「ジブンガタリ[*4]」を行ったあと、運営方針や施策について半日かけてじっくり話し合いました。

合宿後も、課長や若手層のあいだでオフサイトミーティングを実施するなど、対象を広げて対話をくり返しました。

組織としての「ありたい姿」のイメージが共有できたことで、オフサイトミーティングは、事業場の上部組織である本部全体に拡大しました。

対話を重ねることによって、同僚同士が認め合い、尊重し合うことの重要性に気づいたという事例もあります。

全国に多くの拠点を持ち、1000人以上が働くある部門では、従業員意識調査の結果が思いのほか低かったことをきっかけに、「働きたい会社No・1プロジェクト」として、組織開発推進室が支援しました。

まず、全国から何人かのマネジャーに集まってもらい、「輝く瞬間の自慢大会」という対話の場づくりをしました。お客様から感謝された話や、うれしかった出来事などを話したあとで、「働きたい会社」にする要素はどこにあるのかをテーマにアイデアを出し合いました。

出てきたアイデアは施策としてまとめ、全拠点のマネジャーが集まる会議で共有しまし

＊4　参加者それぞれが自分の体験したエピソードや、感じていることを語る取り組み。株式会社スコラ・コンサルトの登録商標。

た。そこから始まったアクションの一つが、相手への感謝をカードに書いて渡す「ハッピーカード」です。

組織による指令ではなく、自分たちの思いや考えから自発的に生まれた行動であることが、組織の変化を感じさせたそうです。

その後も数多くの事業場が、対話の力によって課題を解決していきました。

ここで注目したいのは、対話のスタンスについてです。大きな特徴は、ポジティブアプローチにあります。これは、「良いところ（強み）を伸ばす」という考え方ですが、業績目標に向かってマネジメントを行う企業組織では、難しい一面もあります。

戒能

社内ではギャップアプローチ、つまり「あるべき姿」を目指して課題解決を図る、という思考と行動が主流です。もちろん、ビジネスを遂行するうえで、ギャップを埋めていくのは大事なことです。

ただ、私たちはその方法をとりません。「ありたい姿」に近づけるように思いを語り合い、未来を創造する。そこをとても重要視し、みなさんにもお伝えしています。

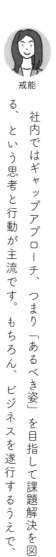

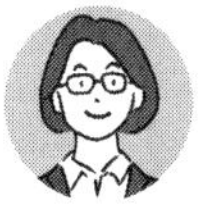
礒貝

というのは、ギャップアプローチでは、どうしても「やらされ感」「義務感」が出てしまうからです。その姿勢では、それこそ「蓋をしてしまう」状態になります。

ポジティブアプローチで、ありたい姿をみんなで語る、ドリームマップ（理想の未来の絵）を描くなどすると、みなさん本当に生き生きしてくるのが、私たちが接していていつも感じているところですね。

「ありたい姿なんて考えて、何になるの？」という反応もあると言います。

ただ、ピンと来ないままやり始めても、やってみると、「意外と良かった」という声が挙がるそうです。こうした実感を積み重ね、経験が横に広がることも、組織開発が浸透する一つの流れなのでしょう。

ここで、組織開発の基本的なアプローチについてまとめた「衆知マネジメントサイクル」と呼ばれる考え方を紹介します（図6）。

まずは、本音で対話できる関係をつくることから始まり、ありたい姿を目指します。

しかし、すぐには到達できないので、「ジブンガタリ」や「オモイガタリ」[*5]をしながら、

図6　衆知マネジメントサイクル

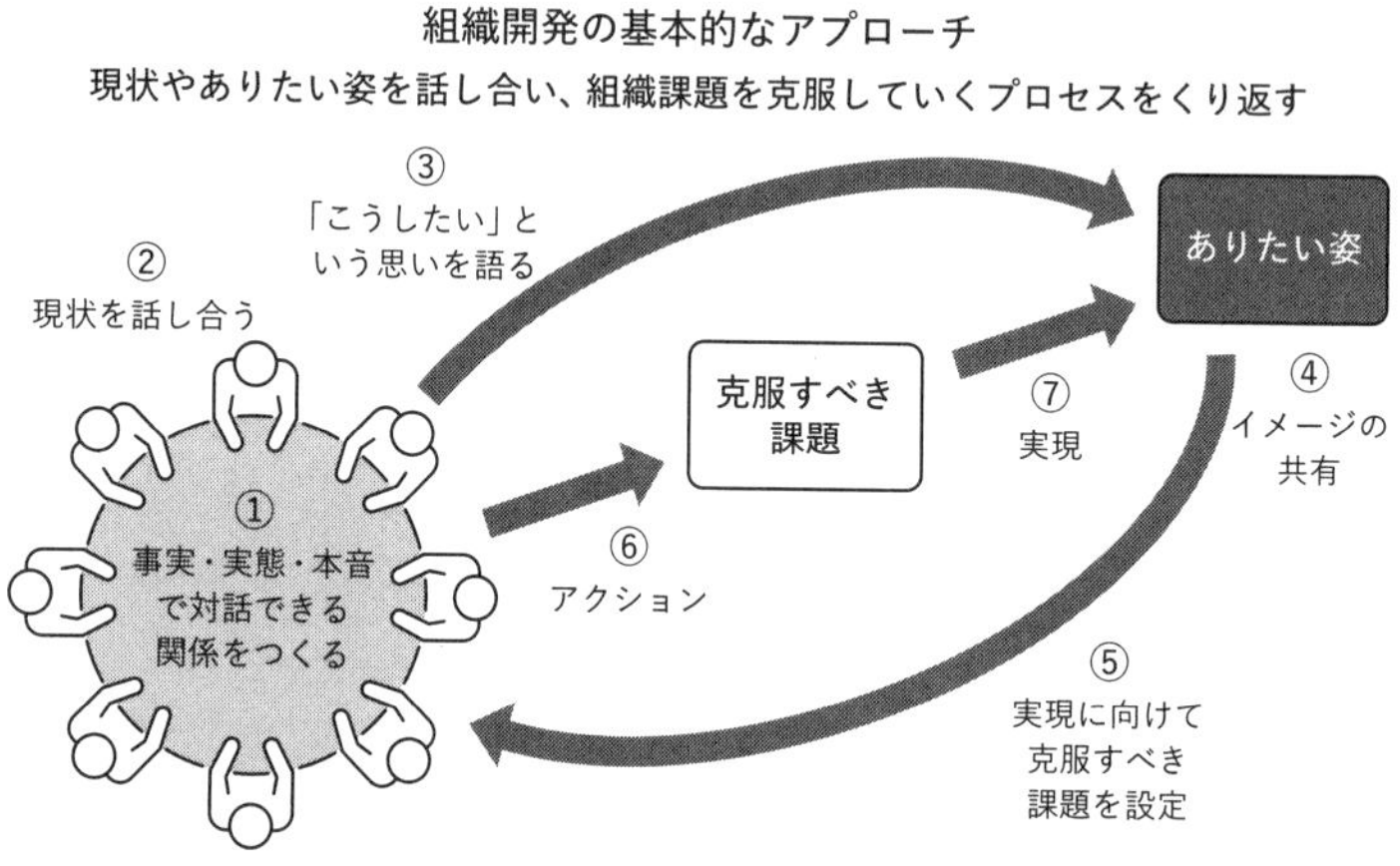

出典：スコラ・コンサルト

現状について話し合います。

　現状について話すうちに、課題やネガティブな話題もたくさん出ます。ただ、「その裏には、こうしたいっていう思いがあるよね」という話をしながら、理想の未来を目指すにはどうすれば良いか、という対話に進めます。

　それによって「ありたい姿」のイメージが共有できると、「じゃあ、何から始めたら良いか？」という実現に向けて克服すべき課題設定ができ、それについてのアクションができる。

　このように、左下から右上にぐるっと回って初めて課題に手をつける、というのが衆知マネジメントサイクルです。

②自走支援活動
——実践とフィードバックを組み込んだ「実践者の養成」

規模の大きな企業で組織開発の実践を広げていくためには、組織や部署ごとにも専門性のある実践者が必要です。

パナソニックでは、それをODプラクティショナー、ODデザイナーと呼び（OD＝Organization Development の略）、その育成にも積極的に取り組んでいます。

戒能

やる気のある人は、役職にかかわらずいるので、そういう人を中心に、自走化するための社員を養成しています。

礒貝

ODプラクティショナー養成講座は、教えて終わりではなく、毎講座後に自分の職場で実践する、というつくりにしています。

自分のチームで試してみて、やってみてわかったこと、課題や悩みなどを次の

＊5　参加者それぞれが自分の想いを語り合う取り組み。株式会社スコラ・コンサルトの登録商標。

講座で持ってきてもらって、お互いにそれを共有しながら、「では、どうすれば良いか」を一緒に考えるという仕組みです。

養成講座は、基礎講座（初級）、ODプラクティショナー養成講座（中級）、ODデザイナー養成講座（上級）という3段階に分けています。

上級を修了するとODデザイナーとして、それぞれの事業場や事業会社での相談窓口となります。

また、養成講座を経験した人は、オフサイトミーティングでファシリテーターを務めるなど、組織開発の推進役になります。

各講座の修了後はオンラインでグループをつくり、講座の参加者同士が情報交換し、サポートし合う関係性もつくっています。

礒貝

自分たちの組織は自分たちで良くする、と考えることが一番重要だと思っています。「誰かがやってくれる」という意識では、組織は良くなりません。

戒能

そのためにも、「自分たちで学んで自走していきましょう」ということです。

③啓発活動
——認知を広げるための「あの手この手」

礒貝

社内での啓発活動も、地道だけど大切だと思っています。社内の人に組織開発を広く知ってほしいし、ファンも増やしたい。
そこで毎月勉強会をやったり、メールマガジンを発行したり、研修を実施したり、あの手この手でやっています。河村さんも、それでこの活動に惹きつけられたんだよね。

河村

はい。私は2022年4月から社内複業というかたちで組織開発推進室メンバーになりました。
これまで配属された部署で、経営層から従業員までさまざまな方の思いや願いに触れました。組織開発は、人と組織にある思いや願いを、いろんな視点でつなぎ合わせることができると実感しています。

戒能

勉強会に参加してくれる方も徐々に増えていて、少しずつ広がっている実感があります。

ほぼ毎月開催している勉強会は、コロナ禍でオンライン開催になったことで、全国の拠点から参加者が増えたそうです。

また、宣伝のための媒体もウェブサイト、メールマガジン、紙のパンフレットと多種多様です。ほかにも、当時の社長とのオンライン雑談や、チームワークや働き方に関して先進的な取り組みをするサイボウズとの共同イベント、グループウェア上の交流場所の作成と働きかけ、ラジオ配信（Podcast）など、カルチャー創造の文脈においても、まさに「あの手この手」で啓発を繰り広げています。

「組織開発には時間がかかる」と考え、粘り強く取り組む意志を持つ

このようにパナソニックでは時間をかけて仕組みづくりをし、対話によって課題を解決する事例が増えていきました。自走する組織開発がかたちとなってきたと言えるでしょう。地道な活動を通して、少しずつ理解の輪が広がってきたのです。

戒能

これだけ情熱を注いでやっているのに、穴の開いた風船に思いっきり息を吹き込んでいるという感覚も、正直感じることはあります。

そう戒能さんが語るように、組織開発には時間がかかるのです。

組織開発推進室のみなさんは、現状についてどう評価しているのでしょうか。10点満点で採点をしてもらいました。

前川

2、3点でしょうか。本来、この活動は現場のマネジャーがやるのが理想だと思っています。この組織活動を、通常の業務としてやってもらうことが10点でしょう。いろいろな活動をしてきましたが、まだまだ道のりは長いと感じています。

河村

私も、現場レベルで回せるというのが理想だと思っています。そこに向けてはまだまだこれからなので、まだ3点ぐらいでしょうか。

戒能

私は、4、5点くらいかな。組織開発に携わるようになって5年目ですが、当初に比べたら認知度も高まってきた感覚はあります。でも、まだまだ行けるはずだと信じています。

礒貝

みんな、辛口ですね（笑）。私は7点くらいかなと。10点になるにはムーブメントが起きないといけないですが、まだ起きる感じはしていません。活動自体はじわじわと広がってきていますが、現時点ではまだ「知る人ぞ知る」という感じです。どうすればムーブメントが起こせるか。それが今後の課題です。

パナソニックに限らず、大企業における組織開発の実践では、社員一人ひとりにとっての「参加感」が薄く、受け身になりがちです。

ここまで見てきたように、現場からの支援要請に対応するだけでなく、そのための人材育成や啓発活動など、さまざまな取り組みをくり出しながら進めるそのやり方は、一過性では終わらせないというプロデューサー側の熱意と信念に支えられています。

こうした粘り強い取り組みのもとで、「多くの組織で、持てる力を発揮するための基盤が整い始めた」と前川さんは言います。

前川

組織をより良くするという意味での広義の組織開発は、かつての松下電器産業時代から、いろいろとやってきました。

「物をつくる前に人をつくる」というのは創業者・松下幸《こう》之《の》助《すけ》の有名な考え方ですが、人材育成には昔からとても力を入れてきたのです。経営理念の浸透と実践にも力を入れてきた歴史があります。組織の運営も、しっかりとメンバーのことを見ながら行う、という企業文化がありました。

ただ、環境変化のなかで、組織やチームのマネジメントの仕方も変わらざるを得ない。でも、なかなか最適化できない。そこに組織開発がはまって、良い方向に変わる部門が出てきました。全体としては試行錯誤状態ではありますが、組織開発によって、多くの組織が持てる力を発揮するための基盤が整い始めたと思っています。

組織開発は、決して特別な施策ではなく、特殊な手法を駆使するものでもありません。基本になるのは人と人との対話です。パナソニックの場合も、期せずして創業者の思いに立ち戻る一つのきっかけになった、ということなのかもしれません。

パナソニックが実践した組織開発「3つのポイント」

パナソニックが、最初に「自分たちにとっての組織開発の定義」をとことん考え、発信した点には感心するばかりです。

そこで考えられた定義は、社員の自己実現と事業成果の両立を目指すこと。

そして、そのために「事業部や部署を直接支援する活動」「自走支援活動」「啓発活動」の3つの活動に注力しています。

これらを「あの手この手」で推進することで、人と組織のポテンシャルの蓋が開かれていきました。

あらためてこの3つの活動について、ポイントをおさらいしておきましょう。

①事業部や部署を直接支援する活動

組織開発は、**対話によりメンバーが腹落ちすることが第一歩です。**それが行動変容を生み、組織としての変化につながるまでにはかなり時間がかかります。

そこで、**まずはやる気のある部門に働きかける**ことで実践から学び続ける人材を輩出し、全社に組織開発が拡大するきっかけをつくったのが効果的だったと言えるでしょう。

②自走支援活動

組織を良い状態に変えること以上に、それを維持するのはもっと難しいことです。なぜなら、組織は環境変化に応じて変わり続けなくてはならないからです。

この点、パナソニックでは、**ODプラクティショナー（実践者）、ODデザイナーの育成**を進めました。

俯瞰した立場からサポートするのがODプラクティショナーの役割ですから、その育成とブラッシュアップの実現は「自走と継続」の必須要件となります。

また、参加者同士の情報交換やサポートをネットワーク化することでも自走が広がっていきました。

③啓発活動

ここで紹介されているさまざまな啓発活動は、会社としての本気度を示すものとして重要です。

メルマガや勉強会などで共感するメンバーを集めたことに加え、継続的な啓発活動は「組織開発って大切だよね！」という価値観を定着させ、維持する役割も果たしています。

組織開発には**「正統的周辺参加」**という考え方があります。

組織のどの位置にいようと、誰もが共同体の「正統的メンバー」であり、「実践共同体への参加の度合いを増すこと」で学習しながら徐々に「周辺的」な位置から「中心的」な役割を果たすようになるという考え方です。

パナソニックの事例は、啓発活動によってそれが実現されている好例です。

「経営理念」が土台となる組織開発

パナソニックの事例は、偉大な創業者である松下幸之助氏の精神を現代の経営環境のなかで再解釈する試みとも言えます。

取材では社員一人ひとりの能力と熱意に対する可能性が力強く語られ、加えて組織として協働し、世界をより良くしたいという思いがてらいなく述べられました。

同社のありたい姿を示す「A Better Life, A Better World」というブランドスローガン

（取材当時。現在のブランドスローガンは「幸せの、チカラに。」）とも一致するのだと理解しました。

経営理念を土台とする組織開発は、長寿企業が多い日本では有力なアプローチだと言えます。

戦後の経済復興、さらに遡《さかのぼ》れば明治の殖産興業を支えた経営理念を土台として、いま働く一人ひとりがありたい姿を描く対話は、日本らしい組織の未来づくりに対して、光明を示してくれます。

東芝テック
「大企業病」を変えたオフサイトミーティング

「支社長に話しかけても良いんだ」。これが最初の発見だったそうです。対話のない組織にオフサイトミーティングの習慣を根付かせ、活性化を図ろうという東芝テックの組織開発は、2016年に始まりました。「どうしたら大企業病の風土を変えられるのか?」。東京支社の副支社長が抱いた危機意識に「会社を変えたい」と考える若手・中堅社員が呼応し、企業風土は徐々に変わりつつあります。そこにはコミュニケーションが苦手な会社らしからぬ、大胆な仕掛けがありました。

［会社概要］
東芝テック株式会社
設立：1950年
資本金：399億円
本社：東京都品川区
従業員数：3,367人（2023年3月単独）　18,906人（2023年3月連結）
業務内容：東芝のグループ会社で、主力のPOSシステムは世界トップクラスのシェアを誇る。デジタル複合機も国内外で展開。東証プライム上場。

DATA

「大企業病」を変えるにはどうすれば良いか？

東芝テックは、東芝グループのなかでリテール&プリンティングソリューションを事業領域とする会社です。ＰＯＳシステムなどを製造・販売する旧東京電気を中核企業とし、１９９９年のグループ再編に伴い複合機なども手がけるようになりました。

歴史があり、連結売上高が５０００億円を超える大企業の東芝テックは、２０１６年から組織開発の取り組みを進めています。

そのはじめ方は、現場の問題意識を起点として全社へ展開する、というかたちでした。

きっかけは、その数年前に東京支社に異動してきた当時の副支社長・大西泰樹《やすき》さん（現・取締役常務執行役員）が、「どうしたら大企業病の風土を変えられるのでしょうか？」と、支社長に問いかけたことにありました。

同社の営業組織のなかでも、１人当たりの売上予算、社員数、顧客数、情報量などが最も大きい東京支社は、仕事を進めるうえで関わる組織や人の数も圧倒的に多くなります。

昔ながらの体育会的な組織風土を引きずったまま、自律分散型組織[*6]への移行が一向に進まなかったことも大きな課題でした。

そうした背景から、部門間の連携が悪く、縦と横のコミュニケーションも希薄で、チームとしてうまくまとまっていない状態だったようです。

新たな仕事が来ても、「それは誰かがやるだろう」といった他責の空気があり、仕事の押しつけ合いになっていたと言います。

これらの弊害が、本来あるべきまとまりのある営業活動を阻んでいる。それが大西さんの見立てでした。


大西さんの問題意識を受け止めた当時の支社長・松木幹《かん》一郎《いちろう》さんは、すぐにアクションを起こします。

旧弊な組織風土を変えようと、東京支社の約400名全員で対話を進めることを意思決定したのです。松木さんが当時の思いを振り返ります。

松木

私はその数年前から組織開発に興味を持っていて、以前赴任した支社でも、東京支社長になってからも、周辺のメンバーとは対話会やワークショップを独学で進めていました。

もっとも、それを組織全体に展開するには至りませんでした。定年までの任期中に、組織風土を変革・浸透させられるとは思えなかったからです。

しかし、6歳年下の相棒である副支社長から相談を持ちかけられ、時間がかかる取り組みでも成果を出せると思いました。それなら、東京支社全員で対話をやっていこうか、と決めたのです。

対話活動を加速させた「オフサイトコーディネーター」の養成

松木さんがまず取り組んだのは、組織メンバーの「関係の質」を高めることでした。

そこで始めたのが、職場から離れた環境で対話を行う「オフサイトミーティング」でした。

特筆すべきなのは、ファシリテーター役を務める「オフサイトコーディネーター」の養

＊6　伝統的な中央集権組織と異なり、すべてのメンバーがそれぞれの判断に基づいて行動できる組織のこと。環境変化に柔軟に対応できる利点がある。

成を決めたことです。

対話の活動を持続するには自走できる体制をつくることが重要、という考えからでした。この体制づくりには、コンサルティング会社のスコラ・コンサルトの協力も得ました。オフサイトコーディネーター養成講座の第1期生としては、若手・中堅の女性社員2名と、役職定年を迎えたシニア社員2名の計4名を指名しました。女性社員の活躍と、シニア社員のモチベーション維持という支社の課題を意識したメンバー構成でした。

養成講座の第1期生に選ばれた川口望《かわぐちのぞみ》さんの話を聞いてみましょう。

川口

養成講座への参加は、寝耳に水の話でした。何をするかわからないまま、1泊2日の研修会場である川越プリンスホテルに行きました。2016年9月のことです。

雲の上の存在だった支社長や副支社長とご一緒するということで、すごく緊張していたことを覚えています。

研修にしてはラフな雰囲気だと感じましたが、急に「ジブンガタリを1人1時間してください」と言われ、話もろくにしたことがない人たちの前で自分のことなんて話したくない、と思いました。

でも、参加者のみなさんが話しやすい雰囲気をつくってくださり、みなさんも自己開示をしてくださったので、私も思い切って自分のことを話しました。

当時の私は、このままいまの働き方を続けていても良いのだろうか、というモヤモヤを抱えていました。そのとき感じていたことを支社長たちに率直にぶつけたわけですが、不思議なことに、聞いてもらえることの喜び、受け止めてもらえることの安心感を覚えました。

研修の1日目は時間内に終わらず、ホテルの会場からカラオケボックスに場所を移して、深夜1時ぐらいまで、「ジブンガタリ」、「オモイガタリ」を続けました。

その後、ホテルの部屋に戻ってからも、もう一人の社員と深夜の2時か3時くらいまでずっと、「会社をこういうふうにしていかなければいけないよね」と熱く語り合っていました。

驚きばかりの2日間が終わると、川口さんのなかにオフサイトコーディネーターとして会社を変える一助になろうという熱い意志が生まれていたそうです。どんな心境の変化があったのでしょうか。

川口

支社長に話しかけても良いんだ、というのが一番の発見だったかもしれません。普段話さない組織トップの人たちに直接話を聞いてもらえる、自分のことを知ってもらえるという喜びがありました。

自分が抱えている思いを話すことでみんなの共感が得られたり、ほかの人の思いを知ることによって気づきが得られたりしたことも大きかったと思います。

東芝テックの組織開発のはじめ方は、副支社長が抱いた危機意識に対して、オープンな対話の価値を知っていた支社長が動いた、という偶然性の高いものでした。

そこに若手・中堅社員が直ちに呼応したことが、良いスタートが切れた決め手だったと言えます。そこには、現状を良しとせず、何らかの行動を起こしたいという「渇き」があったのでしょう。

東京支社のオフサイトコーディネーターは、その後すぐに22名まで拡大しました。川口さんを始めとする第1期生たちが、自薦、他薦で適性のありそうな社員に声をかけるなどしてメンバーを増やしていったのです。

全員が兼任で、本業のかたわら活動するメンバーたち。これらのオフサイトコーディネーターを束ねる部署として、エンパワーメント推進室が設置されたのもこの頃です。

人選にあたっては、できるだけ性別や年代、年次の偏りをなくし、東芝テックで働くみなさんに声をかけていったと言います。

川口

こういう活動をやることになったけどどう思う？　一緒にやってみない？　と一人ひとりと時間をかけて話し合い、共感してくれたメンバーに入ってもらいました。

やりたいけれど仕事とのバランスが難しい、と断られるケースもありましたが、ほとんどの方が同意して、一緒にやってくれることになりました。

廣《ひろ》瀬《せ》恵《けい》介《すけ》さんは、最初に声をかけられて加わったメンバーでした。

廣瀬

声をかけてもらって、即答でオーケーした記憶があります。会社を良くするためのきっかけになりそうだと思ったからです。何より私自身、会社で苦労したときに先輩たちに救われ、何かしら恩返しをしたい気持ちがありました。

１００項目を超える会社への要望が飛び出した「オフサイトミーティング」

初めてのオフサイトミーティングとなる「若手対話会」が開催されたのは、２０１７年5月のことでした。

もともと東京支社で定期的に開催されていた若手研修をオフサイトコーディネーターが主導するかたちにして、まずはオフサイトミーティングなるものを経験してもらおう、ということになりました。

約60名の20代社員を２つの班に分けて、１班と2班の対話会を１ヶ月の間隔を空けて各2日間実施しました。

１日目は、オフサイトミーティングの目的説明からスタートし、そのあとは実際に「ジブンガタリ」や「オモイガタリ」をしてもらいました。

具体的には、次のようなテーマで参加者全員が各々が持つ未整理な問題意識、将来への危機感、「自分はこうしたい」という思いを語り合い、共有したのです。

●会社に対して感じていること
●自分がやりがいを感じていること
●上司、部下についての問題意識
●私は東芝テックをこんな会社にしたい

続く2日目は、これからのキャリアと働き方について情報提供をしたうえで、「自分たちはどうしていきたいのか？」をテーマにグループ対話を行いました。

各グループの対話内容を共有する場には支社長・副支社長も参加したことで、参加者の意識も前向きなものに変わったようです。

研修終了後、参加者からは「若手の声がトップに直接届き、悩みや意見と真剣に向き合っていただけたことが印象深かった」「参加型の研修だったので横のつながりができて悩みを共有・共感できた。有意義な研修になった」といった感想が寄せられました。

初回の1班の対話会では、最後に設けられたフィードバックタイムで、参加者から支社長に対し、不満に基づく要望が実に100項目以上も挙げられたそうです。

エンパワーメント推進室では100項目に及ぶすべての要望に対して、3ヶ月をかけて回答書を作成しました。

この対応に、オフサイトコーディネーターの廣瀬さんは驚きました。

廣瀬

うちは「検討します」が得意な会社なのに、ちゃんと答えが返ってきたことが衝撃的でした。支社長が回答してくれたという驚きもありました。

その1ヶ月後に開催された2班の若手対話会では、1班のときとは打って変わり、一つとして不平不満の要望は挙がらなかったそうです。

何が違っていたのか、2回の対話会に参加した廣瀬さんが語ってくれました。

廣瀬

ファシリテーションのやり方が違っていたのだと思います。1班の対話会では、最初にみんなが不平不満を挙げたあとに、「では、それを良くするためにどうする?」という流れで話し合いが行われました。

一方、2班の対話会では、そこから対話をさらに進めて、あるべき姿を実現するために「自分たちが何をすれば良いのか」を話し合いました。

そこで、それぞれが支社の課題を「ジブンゴト」としてとらえたという印象を受けました。それぞれが「ジブンゴト」として考えて話し合ったことで、不平不満を口にしている場合ではない、と感じたのかもしれません。

さらに廣瀬さんは、この2回の若手対話会についてこう振り返っています。

廣瀬

若手対話会によって、みんな心の根っこでは会社を良くしたいと思っているのだと気づくことができました。それが、すごく大きな収穫でしたね。

このようにして、東芝テックの組織開発は、静かに前進を始めました。

２０１８年３月には、東京支社からの提案で、本社の内山昌巳《まさみ》事業本部長（現・取締役専務執行役員）と東京支社の若手オフサイトコーディネーターとの対話会が行われました。ここで内山さんが対話会を体験したことがきっかけとなり、オフサイトミーティングの活動は全国で展開されることになります。

内山さんは当初、この対話会に半信半疑だったそうです。

内山

これまで幾度となく対話会を行ってきましたが、何か形式的で踏み込んだ話をできず、もどかしさを感じていました。「今回も同じだろう」と、大きな期待もせずに臨んだことを覚えています。

当日は「ジブンガタリ」や「オモイガタリ」が始まり、そんなことを話したり聞いたりして何になるのかと思いました。

しかし、始まって数分後、引き込まれて聞き入る自分に気づきました。この人はこんな経験をして、こういう環境で育ってきたのか、と。

私自身も一生懸命に「ジブンガタリ」をし、それを真剣に聞いてくれる若手がそこにいました。これで一気に距離が縮まったように感じました。

この経験から、もっといろんな人とオフサイトミーティングをしたい、という気持ちが生まれたのです。


この直後に内山さんは、エンパワーメント推進活動を事業方針の一つとして中期計画に織り込みました。

対話会をきっかけに、オフサイトミーティングの活動は「エンパワーメント推進活動」として全国に広がることになったのです。対話の真価を会社が認識したということです。

建前ばかりの研修から「本音が飛び交う場」へ

総務部の綿貫《わたぬき》琢也《たくや》さんがオフサイトコーディネーターになったのもこの時期でした。

当時、若手社員の離職が多く、なかでも若手の女性社員が結婚・出産を機に退職したり、働き方改革の流れのなかで外勤から内勤への職種変更をしたりすることが問題になっていました。

そこで総務部門では、退職防止策の一つとして、全国の若手女性社員を東京に集め、女性活躍促進の研修を開催しますが、実際には「やらされ感」だけが際立ち、参加者から反発を受ける結果になったそうです。

綿貫

経営者と従業員の信頼関係が構築できておらず、安心・安全に発言できる場になっていなかったのが原因だったと思います。

そんな時期に、内山さんから対話会の必要性について熱く話していただき、エンパワーメント推進活動の話を聞きにいったんです。その流れで、「参加してみないか」と声をかけていただきました。

その後、綿貫さんはオフサイドコーディネーターとしてのスキルや知識を、従来の研修にも取り入れていきました。

すると、前述の女性社員向け研修のように、これまでは対話会を標榜していても建前しか言えないような場が、本音の飛び交うものに変わったそうです。

このような変化を起こしたのも、オフサイトコーディネーター養成の一つの成果だと言えるでしょう。

約200名の「オフサイトコーディネーター」が対話をリード

現在、東芝テックでは、全国すべての拠点と営業統括部にオフサイトコーディネーターがいる状態がつくり上げられています。

関係会社にもこの話が及んでいて、オフサイトコーディネーターが養成されつつあり、全社で約200人のメンバーがいて、対話をリードしています。

若手同士の「つながり」を増やそうという考えから、対話会もさまざまな拠点で実施されるようになりました。

対話の習慣は、経営層にも根付きました。役員によるオフサイトミーティングが行われるようになり、経営課題について腹を割って話すようになりました。若手・中堅の熱意に経営メンバーも影響された、ということかもしれません。

階層を問わず、対話を通して組織風土を変えていこうという試みが、活発に行われるようになったのです。

一方で、これらの活動を好意的に思わない人もいるようです。

社風を変える活動は、社員の価値観を揺さぶることになります。そこでは変化を求めない人たちが一定数いて、抵抗勢力になることは容易に想像できます。

松木

この会社は昔ながらの価値観が残り、体育会系のような空気があります。だから、タスクの部分にものすごく意識が集中していて、いまの時代に大切だとされるリレーションの側面に、まだ理解が及んでいないところがあります。

特に問題となっているのは、ミドルマネジメント層です。経営層や若手など、上下で起き始めた変化の波を、ミドルマネジメントが防波堤のようになり、堰《せ》き止めてしまう。そうした大企業にありがちな現象が多発したのです。

松木

営業で言えば、「数字も追わずに、そんなことやっていて良いの？」と言う人たちが、まだまだたくさんいるんです。

東芝テックの組織開発は、こうした「防波堤問題」を抱えながらも、全国で少しずつ進展しています。これからの課題について、松木さんは言います。

松木

現状できているのは、「成功の循環モデル」で言うと、「関係の質」と「思考の質」くらいまでだと思います。支社長などからは、次のステージに進みたい、成果を出したい、という声も挙がっていますが、そこに移行するためには3つの課題があると考えています。

1つ目は「トップの方針に応える現場のフォロワーシップ」で、これについてはキックオフミーティングを始めています。

2つ目は「衆知を集めて行動計画を立案する」こと。これに対してはワールド・カフェ[*7]の手法を用いて進めています。

3つ目が「課題改善について成功体験を通して考える」。手法としてはアプリシエイティブ・インクワイアリー*8をいくつもの拠点で取り入れています。

これら3つの取り組みを通して、なんとか「結果の質」につなげていきたいと考えているところです。

東芝テックの組織開発のきっかけをつくった大西さんも、課題はありつつも、その効果を実感しているようです。

大西

2016年から始まったオフサイトミーティングですが、7年の月日を経て一定の効果は出てきたと感じています。ただ、社内の風土改革やコミュニケーションの活性化などにゴールはないと考えています。

＊7　オープンで自由なカフェのような空間で知識や知恵が創発される、という考えに基づいて編み出された対話の手法。参加者が小グループに分かれ、示された問いについて自由に話し合う。時間が終了するとホスト1人を除いて、参加者はほかのテーブルに移動する。このようにメンバーを変えながら対話を重ね、3つのラウンドが終了すると、対話を通して得たことを参加者全員で共有する。

＊8　Appreciative Inquiry。人材や組織の問題点ではなく、価値を見つける質問を投げかけることで、人が持っている良いところや、組織の持っている強みを発見する対話のアプローチを指す。

組織は時間とともに変化し、構成している社員の年齢や役職も変化します。そのような変化が起こっても考え方がブレないように、常にチューニングが必要だと考えます。

全員が「ジブンゴト」として会社をとらえ、改善に取り組み、意見し合えるように、今後も社員のみなさんの力を借りて推進していきたいと考えています。

小さな変化が各所で起きて、それが時間をかけて大きなうねりになっていく。東芝テックの組織開発は、まさにその過程にあると感じます。

CASE4のポイント解説

大企業の組織開発は「小さく始める」

「昔ながらの体質が残る体育会系な会社です」「一般社員にとって支社長は雲の上の存在

でした」。取材で印象的だったこうした語りからは、歴史ある大企業にありがちなトップダウンの企業文化がうかがえます。

この事例では、小さく始めたところが成功の要因だったと言えます。

組織開発では「小さなグループが大切」と言われます。それは、組織の人たちの「腹に落ちる」かどうかということに関係しています。

いきなり全社展開で仕組みとして導入すると、やらされ感が蔓延して本質的な理解が進みにくくなります。

そのため、小規模の対話を丁寧にサポートし、当事者の成功体験（腹落ち）を醸成することがポイントです。なんだか雰囲気が良くなっていく隣の部門を見て「私たちもやってみよう」という次への動機づけにつながる。そんな効果もあります。

東芝テックの事例でも、「いきなり規模を広げすぎなかった」というのが一つの成功要因でしょう。

オフサイトコーディネーターの養成で「継続性」のある取り組みへ

また、当初から「オフサイトコーディネーター」の育成を並行して実施したことも注目すべきポイントです。

オフサイトコーディネーターは、良い体験と振り返りからの行動変容を支援する役割を持っています。オフサイトコーディネーターの質と数が揃わないと良い活動の拡大はできません。

さらに、最初の旗振り役が抜けてもあとに続く推進者がたくさんいて、その意志やスキルを継承できるのも、良い組織の要件である**「自律的な継続性」**を実現する重要な仕掛けになりました。


今後は、「思考の質」や「行動の質」を高めていくことが目標になるでしょう。

ミドルマネジメントが防波堤となって活動推進に抵抗するのも、実務上の成果に結びついていないからです。

苦労して身につけた「対話」の力が日常業務に役立つようにみんなで考えること。それがまさに「思考の質」を高めることだと言えます。

COLUMN #1 越境オープンラボから学ぶ「目的のない対話」の意義

法政大学大学院政策創造研究科の石山恒貴《いしやまのぶたか》教授が主宰する「越境オープンラボ」は、大学院生だけでなく、会社員や地域住民など多様な参加者が集まってグループ対話を行うという、ちょっと不思議な場所です。

対話のなかで想像もしなかったアイデアが生まれ、イノベーションが起きる。

いま、大企業が一番求めていることの一つが、この交流の場で生まれているのです。

石山教授は、越境オープンラボのありようを次のように説明します。

石山「大学院での私のゼミは、土曜の午後に開催しているため、夜が空きます。そこで月に1回くらい、外部の人と交流したほうが面白いかと思って始めたのが越境オープンラボです。2018年からスタートして5年続いています」

大学院というと専門性が高いイメージがありますが、越境オープンラボは気楽に参加できて自由に交流できる場。学問上の概念を誰かが30分間、スピーカーとして話して、それについてみんなで自由に話すというかたちで進行します。

石山　「気軽な雰囲気で自由に話してください、と言っています。明確な目的があるかっちりした会ではなく、とにかく学問の概念をスピーカーが30分話したら、なんでも良いからみんなで面白く話そうよ、ということでまったく予定調和じゃない。
　こんな結論を出してくれ、という要望もなく、むしろみんなでアイデアを出し合って、予想もつかない面白い話が出てきたら良いな、と思っているだけなんです」

明確な目的もなく大人が集まって話し合う。このような場は企業をはじめ、ほかの組織にもそうはありません。

このオープンなサブゼミは、同じスタイルで、これまで30回以上（2023年8月現在）も開催され続けてきました。それだけ、この場を楽しむ人が多いということでしょう。

石山　「僕が『越境学習』[*9]の研究をしていることもあって、うちのゼミは、もともと性格を異にするさまざまなコミュニティと付き合いがありました。そのため当初から、多様な人が参加していました。

ここには、明確な目的はなく、上下関係もない。競うのではなく、みんなで触発し合えば良いと考えています。

僕からは、企業のように、なにか数値に換算する成果や勝ち負けを競う場ではなく、個人として興味・関心のあることを独自の視点でとことん追求する場だと伝えています」

著者の一人である早瀬は、2018年から、この越境オープンラボに参加しています。一人ひとりが効果的にそれぞれの気づきを持って帰ることができる学びの場になっていて、非常に面白いのです。

参加者のバックグラウンドは多様で、しかも20代から70代までいる。そんな複雑な人間模様があるなかで、自由に話せるという健全性が保たれているのも興味深いところ。これだけゆるく、定義もあいまいな場に人が集まり、しかも30回以上続いているのです。

つまり、効果性と健全性が維持された状態で、自律的に継続しているという点で、ほぼ組

＊9　普段勤務している会社や職場とはまったく異なる環境に身を置き、働く体験をすることで、新たな視点などを得る学びのこと。具体例として、ほかの企業や非営利法人への出向、社外の勉強会やワークショップへの参加、ビジネススクールや社会人大学の受講、ボランティア活動やワーケーションなどがある。

織開発の定義をそのまま適用できると思います。
年齢や社会的地位などは関係なく、みんながアイデアを持っていて自由に話せる。何より面白いアイデアが出てくることをみんなが期待していて、自分とは違うアイデアが出たら、論破するのではなく、それに乗っかって違うアイデアを出すことが歓迎される。これが越境オープンラボの特徴なのです。

石山「越境オープンラボでは、僕は興味深い話の場合はそれを拾って、学術的にはこうですよと参考情報を出すようにしています。ただ、やりすぎると、それも予定調和になってしまうから気をつけています。とにかく、みんなが楽しめる場であれば良いと思っています。みんなが互いに主観をだらだら話す。それで、『みんなはこう考えてたんだな』とわかれば良いと思うんです」

職場での話し合いというと、結論を求める「議論」が多いと思います。もちろん、それは必要ですが、ヒエラルキーにとらわれず、アウトプットを決めないだらだらした対話にも、リラックスした雰囲気のなかで、誰かがふと発した言葉から創発が生まれる可能性があります。

COLUMN #1

緊張度の高い話し合いをしたところで、良いアウトプットが生まれるわけではありません。

誰も正解を持たないいまの時代にあってはなおさらです。

すべての制約を取り払ってだらだら話す場を会社のなかに設けることができれば、それが意外と組織開発の「はじめの一歩」になるのかもしれません。

広島県熊野町

「ヒエラルキーのない組織」を活性化させる方法とは?

広島県の西部に位置する熊野町では、2018年の西日本豪雨災害を機に、防災・環境リスクコンサルティングを手がける日本ミクニヤとともに、防災・減災コミュニティづくりが進んでいます。キーワードは「仲間づくり」。中学生から80代の高齢者までが集う「防災・減災まちづくり会議」が年に数回開催されています。企業組織とは違い、ヒエラルキー(階層)で動かないのが地域コミュニティ。そこではワークショップ[*10]形式で、グループごとの対話によって学びが進みます。この仲間づくりの手法は、期せずして組織開発的でもありました。

DATA

[自治体概要]

広島県安芸郡熊野町
広島市安芸区と呉市に隣接する。筆の全国シェア1位を誇る熊野筆の産地として名高い。人口約2万3,000人。

「上下関係のないコミュニティ」での組織開発とは？

地域コミュニティでは、企業のように上下関係がなく、参加するかどうかも任意。組織として共有された価値基準もなく、共通の目的・目標に向かって効果的に活動することは簡単ではありません。

組織開発の視点で考えたときに、期待する成果と参加メンバーの成長を生み出す「良いチーム」をどのようにつくるかは、とても重要な課題です。

熊野町は、1945年に発生した枕崎台風を最後に、長らく大きな自然災害はありませんでした。そのため多くの市町村にある地域組織「自主防災会」の設立が遅れていたことに加え、そもそも「この町では災害は起こらない」と思っている方が多くいたようです。

しかし2018年、西日本豪雨災害が発生。熊野町も被災地となりました。それをきっ

＊10　参加者の主体性を重視した体験型の講座、グループ学習を指す。聴講が主体のスクール形式とは違い、ただ知識を得るだけではなく、参加者同士の意見に耳を傾けることで、幅広い層の考えに触れられる利点がある。

かけに、地域防災力の底上げを図ろうと、防災・減災コミュニティづくりが始まりました。

２０１８年度から始まった「防災・減災まちづくり会議」は、その後、防災・環境リスクコンサルティングを手がける日本ミクニヤが受託会社となり、年6回のペースで開催されてきました。防災教育を専門とする日本ミクニヤの上園《うえその》智《とも》美《み》さんが説明します。

上園

この会議は、公募で30名ほどの参加者を募っています。災害が起きたとき、被災者をフォローする仕組みは必要ですが、住民に重い負荷をかけるわけにはいきません。
「防災・減災まちづくり会議」でも、まずは気軽に参加してほしいと考え、参加者は「防災リーダー」ではなく「防災サポーター」になっていただく、ということにしています。

この「防災・減災まちづくり会議」の特徴は、中学生から80歳を超える高齢者まで、多様な属性の住民が参加していること。学校や福祉施設・女性ボランティアの会などいろいろな集団に声をかけ、参加者を募るようにした結果です。

会議は、講演をもとにしたワークショップ形式で進められます。専門家の話を聞くだけで終わるのではなく、グループワークを通じて自分の考えを伝え、他者と意見交換をする。それによって防災への取り組みが腹落ちする、という設計です。

上園

住民のみなさんに、ただ「災害に備えてください」と言っても、具体的に何をすれば良いのかわかりません。

防災の分野では、対話を通して自ら考えていただき、気づき、腹落ちする仕組みとして、ワークショップが頻繁《ひんぱん》に使われるようになっています。

東日本大震災を契機として、ただ講演を聞いてもらうだけではなく、意見交換をするような場をつくろう、という流れが強くなったのではないでしょうか。

いつ起こるかわからない、でもどこかで必ず災害は起こる。しかもその対策に関わる住民は、年代も災害への関心も人それぞれ。このような性質もあって、防災・減災コミュニティづくりは、目的・目標を共有し、役割を分担してチームとして活動することがとても難しいものです。

そこで熊野町では、ハードルを思いきり下げて、「仲間づくり」という観点から、少しずつ、継続的に取り組みを進めていきました。

価値観をうまくつなげる「場の設計」とは？

仲間づくりのためのワークショップには、いくつかのグラウンドルールがあるそうです。

●対等な立場で話しましょう
●相手の話に耳を傾けましょう
●話は短く簡潔にしましょう
●あなたの考えを積極的に話しましょう
●テーマに集中しましょう
●アイデアをつなぎ合わせてみましょう

上園

人の意見を否定しない、というのはしつこいぐらいに言っていて、これが若い人と高齢者が一緒にいられる秘訣の一つだと思います。

あるとき、若い子が「避難所にWi-Fiが欲しい」と言ったことがありました。

それに対して、年配の方が、「そんなもんいるか！」と言ったら、中学生は何も言いたくなくなってしまいますよね。そういう「場の設計」にはすごく気を遣っています。

防災・減災まちづくり会議は、回数を重ねながら少しずつ地域に根付き、成果を上げつつあると言います。

著者の一人である早瀬は、2021年度の会議に縁あって講師として参加しました。このようなさまざまな年齢、価値観の人が集まる場では組織開発という言葉自体が堅すぎるのではないかと考え、専門用語は使わず、理屈っぽくならないようにアレンジしました。「仲間（チーム）が集まるからできること」をテーマにし、たとえば、ワークの一つでは「これまで経験したなかで、良いチームや良い組織だったと思うもの」を挙げてもらい、グループ内で意見交換をしてもらいました。

いろいろな意見が出ましたが、私からは「良いチーム」のあり方として、「目標達成・期待に応えられる」（効果性）、「明るくイキイキ元気がある」（健全性）、「良い状態を自分たちで継続できる」（継続性）の3点を挙げました。これは組織開発において理想とされるチーム（組織）の状態を示す要素です。

全員が「サポーター」という自走する組織を目指して

ワークショップを終えると、参加者は熊野町から「防災サポーター」としての活動に誘われ、町長から記念の缶バッジが渡されます。前出の上園さん、そして会議の企画運営に携わる防災（減災）教育実務家で熊野町在住の中《なか》井《い》佳《よし》絵《え》さんはこう話します。

上園

防災サポーターは何らかの責務を負う、という性格のものではありません。防災〝リーダー〟と言うと、災害が起きたら何があっても出動しなければならないという印象になってしまうかもしれません。

そうではなく、「できるときに来て一緒にやろうよ、と寄り添うのが防災サポーターです」と説明しています。

できる人ができることを、というイメージです。

中井

得意なことを活かしましょう、とも呼びかけてもいます。災害が起きたときに、料理が得意だったら料理をする、掃除が好きだったら掃除をするというように。

性別も年代も問わない。それがリーダーとの大きな違いです。

こうした取り組みによって、中井さんの目には、地域が大きく変わってきたと映っています。

中井

ある中学生の防災サポーターは、「何かあったら、私は小さい子どもと遊んであげます」と言っていました。「自分は関係ない」と関心がない人もいますが、そういった人をどうやって巻き込んでいくのかが次の課題だと思います。

地域防災とは、単なる連絡や通達の場にするのではなく、一人でも多くの地域住民に関心を持ってつながってもらい、そのゆるいつながりがいざというときに効果を発揮するという性格のものだと言えます。

そこで求められる姿は、企業組織のようなヒエラルキーや指揮命令系統で動くチームではなく、それぞれが防災サポーターというかたちなのではないでしょうか。

中井

ワークショップという双方向の取り組みによって、防災はコミュニケーションが大切という観点でとらえてもらえるようになったと思います。世代や性別を問わず、いろんな方に集まってもらい自走してもらう。今後はそこに落とし込んでいきたいと考えています。

CASE5のポイント解説

関係の質を改善させた「仲間づくり」という考え

防災コミュニティづくりの難しさは、ルールや体制をつくるだけでは効果的に機能しにくいことにあるでしょう。

住民がルールを理解していても、常にルール通りに行動できませんし、地区のリーダーを決めておいても、その人が災害時に役割を発揮できるとは限りません。

では、どのような状態が「ありたい姿」として考えられるでしょうか。

一つのゴールイメージとして、早めの避難行動や、それを促す声かけを自律的にできるコミュニティの状態が考えられます。

現在では、声かけのハードルが高くなっていて、普段ほとんど話したことのないご近所さんに「早く避難所に行きましょう」とは言いにくい状況にあります。

そのため、**事前に「お互いを知っておく」という意味で、平時から「関係の質」を整えておくことがとても大切です。**

そこで熊野町は、近所の老若男女さまざまな年代の人たちが気楽に「仲間づくり」ができるワークショップを行うことで、ヒエラルキーで動かないタイプのコミュニティづくりを促しました。

その意味で、熊野町が選んだ「仲間づくり」というキーワードは最適だと言えます。防災に限らず、お祭りや運動会の運営など、さまざまな活動に広く深くつながっていく言葉なので、平時のコミュニケーションを活発にする効果も期待できそうです。

また、危機的な状況での行動パターンも事前に想定でき、お互いに自助、共助に動きやすいでしょう。たとえば、あの人はビニールハウスを見に行ってしまいそう、彼は用水路を見に行きそうなので流されないよう注意が必要、彼女には救護の素養がある……などです。

組織開発では、権力やパワーを抑えたグループをつくる際に**「他者の現実を見つける」**、つまりお互いを知っておく、という考え方があります。

危機的な状況を想定しつつ、コミュニケーションも深まるワークショップは、まさに「お互いを知っておく」仲間づくりの素晴らしい試みだと言えるでしょう。

地域コミュニティをつくるカギは、組織観の「アンラーニング」

地域でコミュニティをつくるときの課題として、中学生から80代の高齢者までが参加すること、強制はできないこと、組織のヒエラルキー（階層）のなかで働いてきた方が権威やパワーが通用せずに落ち込んでしまうこと、などがあります。

昔ながらの地域での行事運営といえば、年配の男性が音頭を取るのが一般的ではないでしょうか。ところが、彼らには往々にして昭和的な企業のマネジメントスタイルが身についているため、地域コミュニティを機能させにくいという側面もあるかもしれません。

そこで、**関わる一人ひとりが自らの組織観をアンラーニング**[*11]**し、仲間として素朴につながる**ことも大切になってくるでしょう。

＊11　既存の仕事のルーティンを棄て、新しい考え方やスタイルを取り入れること。「学習棄却」や「学びほぐし」とも言い換えられる。

横浜中華街

対立を乗り越える「大きな目標」の価値

横浜中華街は、500店以上の飲食店や小売店が集まる一大観光スポット。横浜開港以来の歴史を誇るチャイナタウンです。かつて大陸支持派華僑《かきょう》と台湾支持派華僑の対立が続いた横浜中華街は、焼失した関帝廟《かんていびょう》の再建という事業を通して融和に向かい、現在に至ります。官に頼らず、商業者が自治を貫く背景には、すべて対話で課題を解決していくという姿勢があります。ここでの街づくりを、組織開発の観点で見てみましょう。

DATA

[自治体概要]

横浜中華街

年間来訪者数が2000万人を超える、アジア最大の中華街。エリア内には、飲食店、小売店など500店以上もの店舗がある。

横浜中華街の陰にあった「意外な過去」

中華料理の名店が軒を連ねる横浜中華街は、多くの人が訪れる観光名所です。

華僑（中国からの外国移住者、またその子孫）が日本人とともにつくり、発展させてきたこの街に、かつて二派に分かれた対立があったことは、意外に知られていないのではないでしょうか。

二派というのは、華僑のなかの、「中国（大陸）支持派」と「台湾支持派」のことです。

この二派が分裂した原因は第二次世界大戦後の中国国内における共産党と国民党との関係にあります。

１９４５年に第二次世界大戦が終わり、少しあいだを置いて中国大陸では内戦が始まります。その結果、蒋介石《しょうかいせき》が率いる国民党が現在の台湾に行き、大陸では１９４９年に中華人民共和国が建国されました。

この出来事は外国にいる華僑にも影響を及ぼしました。同じ民族でありながら、政治的な理由で大陸支持派と台湾支持派に二分されてしまったのです。横浜中華街においても、華僑がつくった中華学校が台湾支持派に占拠され、大陸支持派の子弟が締め出されるという事件が起こっています。

ここで生まれ育ち、いまは街づくりの重職にある曽徳深《そうとくしん》さんにお話をお聞きしました。

曽

簡単に言えば、政治的な影響を受けての〝兄弟ゲンカ〟なんです。私はその事件のとき小学6年生でしたが、分裂した大陸支持派の中華学校に通うことで台湾支持派の学校に通う友だちと離れ離れになる、ということも起こりました。一つの家族のなかでも、たとえばおばあちゃんが大陸支持派のリーダーなのに、その義理の息子が台湾支持派のリーダーであるとか、そんなこともありました。

これら大陸支持派と台湾支持派の分裂に加え、もともと中国の出身地域ごとのコミュニティ（同郷会）も存在することから、小さなエリアは混沌とした状態だったと言います。

二派の協力を生んだ
みんなの「本心」

１９７２年には日中国交正常化が実現しました。その結果、横浜中華街では、国際的な潮流が華僑の意識に反映され、両派の歩み寄りはさらに難しくなったようです。

二派による小競り合いもあったようですが、大規模な衝突が起こることはなく、対立はありながらも街で共存する状態が長く続きました。

曽

そこから世のなかは、また変わっていくんです。東西の対立がだんだん緩和され、中国と台湾のあいだでも話し合いの場が持たれたのです。多くの台湾の人たちが中国で事業投資をするようになるなど、環境は変わっていきました。そのなかで、中立の立場を取る人も増えていきました。

そのような状況で、転機となる出来事が起こります。１９８６年、横浜中華街にある華僑のシンボル、関帝廟が焼失したのです。

関帝廟は、すべての華僑の心の拠りどころでした。当然、再建が検討されましたが、政治的な立場の違いから、なかなか足並みが揃いません。

台湾支持派の横濱《よこはま》華《か》僑《きょう》總《そう》會《かい》による再建募金も始まりましたが、いまひとつ盛り上がりを欠きました。

再建には誰も異論がありません。しかし、公然とリーダーシップを取ろうという声は挙げにくい。企業組織で言えば、なんだかモヤモヤするけれど誰かがやってくれるのを待っている。そんな状況だったと言えます。

また、関帝廟が建つ土地の所有権をめぐる係争や、街に住む人々の思惑を超えた、国際的な緊張もあったようです。

こうした事態を打開したのは、大陸支持派の横浜華僑総会が１９８７年１月に神奈川新聞に出した中国語と日本語の意見広告でした。

そのタイトルは「横浜中華街関帝廟　華僑の総意を結集して　伝統にのっとった立派な廟堂を再建しよう！」というものです。

曽

いろいろな事情はあるけれど、これについてはみんなで一緒にやろう、と呼びかけたのです。それをきっかけに、非公式の場で二派の主要メンバーが集まり、話をまとめていきました。

始めは両総会の会長と副会長など数人で話し合い、のちに新たな建設委員会を構成したのは、大店《おおだな》を経営する7人の中立派を中心とした長老たちでした。

そこから話が急速に進み、建設資金として6億円も集まったそうです。つまり、本心では、みんなが再建を望み、協力したいと思っていたのです。

街を支える「ゆるやかなルール」と「対話」

その後は、協力体制ができました。

関帝廟の管理組織には、のちに大陸支持派と台湾支持派の双方の団体の代表者が加わりました。毎年ここで行われる関帝誕《かんていたん》などの祭事についても、政治信条とは関係なく二派が一緒に行うようになりました。

さらに、華僑社会の関係緩和のなか、1993年、中華街に関係する24団体が参加して

横浜中華街での主な出来事

1859年	横浜開港。外国人居留地が造成され、多数の中国人が居住を始める
1900年	この頃から中華料理店が増え始める
1949年	中華人民共和国建国。大陸支持派と台湾支持派の対立が顕在化する
1955年	中華街の吉浜橋寄りの入口に牌楼（善隣門《ぜんりんもん》）が完成。「中華街」の呼称が定着する
1957年	火災で中華街の11軒が焼失
1970年	初代西門完成。以降、東・北・南門を77年までに増設
1977年	中華街南門通りの歩道整備完了
1986年	関帝廟が焼失
1989年	善隣門改築
1990年	関帝廟落成
1993年	横浜中華街「街づくり」協議会発足（1995年に横浜中華街「街づくり」団体連合協議会に名称変更）。牌楼7基（南・西・北・関帝廟通り2基・市場通り2基）の建設取り組み
2004年	みなとみらい線開通、元町・中華街駅が開業
2005年	横浜中華街大通り整備事業完成、電線地中化実現
2006年	横浜媽祖《まそ》廟《びょう》開廟

横浜中華街「街づくり」協議会が発足します（1995年に横浜中華街「街づくり」団体連合協議会に名称を変更）。

現在は22団体と1オブザーバーがここに参加し、中華街の街づくり、特に商業の発展について、みんなで話し合う場になっています。

1995年には「中華街憲章」が制定され、2006年には「横浜中華街街づくり協定」も施行されました。街の景観に影響を与えるような住宅や共同住宅の計画については、横浜中華街街づくり審査委員会への事前届出を定めるなど、自治を守る精神が見られます。とはいえ、なんでも厳格に規制する、ということではないようです。

曽

街として気持ちが一つになっていくなかで、みんなで決めたのがこの憲章です。
街づくりというと、景観のデザインなどについて「こうでなければならない」という考え方が多いように思いますが、横浜中華街は少し違います。
中国はなにしろ広いですから、各々が持っている中国のイメージが違うんです。出身地によっても違うので、さまざまな文化的な表現があって良いと考えています。
だから、デザインや景観的なことについて、細かい決めごとはつくっていません。その代わり、たとえば関帝廟や牌楼《ぱいろう》など公共的なものについては、中国の文化を正しく表現するものにする。そうすれば、周りの建物も、この景観を参考にするだろうという考えです。横浜中華街の街づくりは、このような決め方をしています。

おおまかなルールはあるものの、細かいことは問わず、活動の自由度を保つ。問題になりそうなことが起これば、みんなで話し合って決める。

これは組織開発における「適応を要する課題解決」という考え方であり、ルールや仕組みで技術的に解決できない複雑であいまいな課題に対処したと言えます。

曽

僕は二世ですが、いまはニューカマーが増えています。日本には１００万人の中国人がいると言われていますが、おそらくそのほとんどはニューカマーです。横浜中華街でもオールドとニューとのあいだに意識ギャップはありますが、それでも街のイベントなどでは、街の人がみんなで協力してやることが多いんです。

行政の支援をあてにすることもなく、みんながボランティアで参加する。そこがこの街のちょっと変わったところかもしれないですね。より大きな目標では一致して、小さなことはしばらく棚上げにしようという「求大同・存小異」の考えが街づくりのなかにあります。

もちろん、多様性があるゆえに衝突することもあります。それも話し合いによって最後はなんとかなっていますね。

曽さんの話を聞いて感じるのは、考え方の違いを対話によって乗り越えるという姿勢を実践されていることです。

もちろん政治的な対立より以前に、異邦にいる者同士の人間関係や、商売上の関わりがあることは大前提ですが、対話により問題を乗り越えているのです。

この先の街づくりにおいても、一人の傑出したリーダーが旗を振るのではなく、みんながそれぞれの意見を忌憚なく出し合いながら前に進んでいくのではないでしょうか。

CASE6のポイント解説

地域の組織開発に応用できる「求大同・存小異」の姿勢

横浜中華街における組織開発のポイントは、以下の3点であったと言えます。

①「環境の変化」を機会とした（関帝廟の焼失という華僑の心の拠りどころの危機）

対話の場を作れなかったときに、「共通の危機」をきっかけとしました。これは、組織開発における「場づくり」や「動機づけ」の視点として有用です。

②「大目標」を呼びかけた（新聞広告を利用した）

大目標を掲げることは、「そもそも」という「問い」を投げかけることと同じ効果があります。これにより、チームとしての思考停止状態から脱却できるのです。

③「グラウンドルール」をつくった（多様性の自由度を保つ憲章の制定）

グラウンドルールは、当事者にチームのメンテナンス・プロセスを意識させる効果があります。感情的な対立や細かい相違点で紛糾し、時間を浪費しない工夫につながります。

この事例は、日本全国の地域活動にも大きなヒントを提供してくれているように感じます。

住民参加が必要な地域活動において、価値観の違いで対立するのではなく、共通の課題にしぼって臨機応変かつ建設的な対話が可能だということです。

取材でさりげなく、しかし力強く発せられた**「求大同・存小異（より大きな目標では一致して、小さなことはしばらく棚上げにしよう）」**という言葉。そこに潜むマインドセットは、多くの地域コミュニティの組織開発に示唆を与えてくれそうです。

まず「大同」については、**自分たちの街を自助努力で育もうとする意志**が、高度な合意を得るための胆力になっているように感じます。

経済的な利得を大前提にしながらも、文化や華僑というルーツも含めて街づくりへの思いをまとめ上げました。どのような街をつくりたいのかという目的の共有がポイントになるでしょう。

次に「小異」を許容するための仕掛けです。相容れない価値観があることは認めつつ、同時に別の側面から寄り添える余地を見出すところに、「ゆるい運用」と通じる関係性を保つための秘訣がありそうです。

政治的には大陸支持派と台湾支持派で異なるけれど、親族としての関わりをそれ以上に尊重したり、祭りで共に汗を流したりするといった工夫で、絶妙なバランスを保っているように見受けられました。

このような大きな目的を共有し、多少の相違を受け止める横浜中華街の姿勢は、地域の組織開発に応用できそうです。

南山大学 人文学部心理人間学科　中村ゼミ

組織開発を実践するゼミに学ぶ、「自走する組織」のつくり方

本書の監修者であり、日本における組織開発研究の第一人者でもある南山大学教授の中村和彦さん。中村さんが大学で実施するゼミは、学生が「組織開発を学び、実践する場」であり、そのゼミの運営方法は、いくつもの組織開発的なあり方に支えられています。その特徴から、組織開発のはじめ方のポイントを学んでいきましょう。

なぜ、学生たちが「主体的」にゼミを運営できるのか？

中村ゼミの正式名称は「応用行動科学ゼミ」で、約15年前にスタートしました。

アメリカで組織開発を学んで帰国した中村さんは、学生自身が組織開発に取り組むゼミを実現しました。

「アクションリサーチ」と呼ばれる実践的な研究を学生自身が行うもので、まずはグループや組織にある目に見えない課題をリサーチして見える化します。そして現場の人々に返すことによって、グループや組織が変わるプロセスを研究します。

具体的には、学生が自分の所属している組織、たとえばアルバイト先やサークル、部活動などを良くする取り組みを行い、その効果を測定して卒業論文にまとめるのです。

また、ゼミそのものが組織開発実践の場になっていることも特徴的です。ゼミは学生主導で運営され、中村さんは指導責任者として、学生をサポート、レクチャーしますが、基本的には「学生の行動を見守る」というスタンスで取り組んでいます。

ゼミの時間中、中村さんは極力発言せず、後ろのほうの席に座って授業内容の記録を取っているそうです。教壇に立って何かを教えるという、一般的な講義のあり方とはかなり違います。

メンバーが主体的に動く組織という意味で、中村ゼミの状態は、企業などの組織開発においても、目指すべき理想の姿だと言えます。

ただし、ゼミの開設当初からこのようなスタイルだったわけではありません。ここには、組織開発的な変遷があったようです。

もともとは一般的な大学のゼミのあり方を取っていました。それがスタートから6年目、学生側からの「春合宿を自分たちで計画させてほしい」という提案がきっかけで自主運営が進んだようです。

ゼミは3年生と4年生、各10人前後で構成されています。合宿の場を、学習だけでなく、新しい学年を迎えてチームビルディングの場にもしたい、という新4年生たちからの提案でした。

その結果、合宿は充実した内容になりました。学生たちは、かなり綿密に計画を進め、チームビルディングに加え、組織開発についてのレクチャーも自分たちでしっかりと実施しました。その準備を通して学年を超えた関係づくりができたと言います。

この実績を踏まえて、次年度の春、中村さんは学生たちに「ゼミの授業も自分たちで計画してみる?」と持ちかけます。すると、「待ってました!」と言わんばかりの反応だったようです。

このような経緯から、学生たちみんなで話し合いながらゼミを運営するスタイルが生まれたのです。

「目的」を定義し、人に依存しない組織へ

しかし、その2、3年後、学生による自主的な運営がうまくいかなくなります。

自分の担当した授業は一生懸命やるけれど、それ以外については関与せず、自分の卒論を優先させるメンバーが出てきたそうです。

メンバーの入れ替わりを経た結果、ゼミ自体を良くしていこうという積極性が弱まっていました。

すると、その次の学年で「積極性が失われているのは、このゼミの目的がハッキリしていないからではないか？」という意見が出たそうです。

そこで、ゼミの目的について合宿で話し合うことになりました。すべて、学生からの発案です。

中村

合宿では、「私たちって、結局何を目指してるの？」という対話になりました。そこで最終的に明確になったのは、「うちのゼミは、チェンジエージェント力を養うゼミだ」ということです。

チェンジエージェントとは「変革の推進者」という意味です。組織開発を理解し、実践と援助、促進する力を養うことがゼミの目的である、と定義したのです。

このときに、ゼミの背骨ができたのだと思います。目的が明確になってからは、それを中心にいろいろなことが動き始めました。

たとえば学生たちが「チェンジエージェント・チェックリスト」をつくり、各自が2ヶ月に1度それをチェックする。自分は何が伸びたのか、伸びしろは何かと考えて、チェンジエージェント力を意識し、高めるようになりました。

このゼミはチェンジエージェント力を養い、そのために組織開発を学び、実践する場であるという目的をハッキリさせたのです。さらに、それを新年度のゼミ生募集の際にも伝えています。これが、2年でメンバーが入れ替わる大学のゼミという集団で、特定の人に依存しない（教授にさえ依存しない）組織風土につながっています。

中村

目的が明確でなかった頃は、入ってくる人に依存して風土がコロコロ変わっていたように感じます。それがいま、安定して風土が維持されているのは、伝承がうまくできているからだと思います。

テキストとして言語化されているわけではありませんが、やはり言葉で語られているのでしょう。

グラウンドルールのようなカチッとしたものがあるわけではなく、学生たちがその年その年ごとに良いと思っているものを言葉で伝承していく。僕がそれほど関与しないところでそれが起きているのです。

こうして中村ゼミでは、いくつかの節目を経て、学生によるユニークな自主運営スタイルが定着しています。

現在、中村ゼミには「ゼミ長」のような明確なリーダーがいません。

いわばシェアード・リーダーシップ[*12]であり、みんなが役割を変えながら暗黙のローテーションで動いています。

＊12　メンバー全員が主体性を持ち、状況に応じて最適と思われるメンバーがリーダーシップを発揮する、というマネジメントのあり方。

これも、学生たちが組織のために主体性を持って関わっていることの証明だと言えるでしょう。チェンジエージェント力を養うという目的を共有しているからこそ成し得た結果なのではないでしょうか。

ユニークな自主運営ゼミの経験が、社会人になってからのメンバーやマネジャーとしてのチームづくりで活きていると、中村ゼミOBの荻野さんは言います。

荻野

中村ゼミでは、自分たちで授業を作らないといけないので大変ではありました。ですが、パートごとにみんなが責任を持って取り組んでいましたし、授業を受ける側も設計する苦労を知っているので、真剣にその場を成り立たせようとする力が働いたのだろうと思います。ゼミ長のような人がいなくても、みんなが持ち場をしっかり考えていました。

私は大学で学んだことを直接活かすような仕事に就いたわけではありませんが、中村ゼミだからこそその観点を身につけることができたと思います。

ゼミを通して身につけた、コンテントだけでなくプロセスで観察する視点は、いまの職場でも活きています。

荻野さんのコメントでもっとも注目すべきは「プロセス視点」を身につけることができたという点です。

仕事の内容や成果（コンテント）ではなく、そのやり方、それに取り組む人の気持ちや配慮などが「プロセス」にあたります。

プロセス観察の能力はどんな組織においてもとても強力なスキルとして活きることでしょう。

CASE7のポイント解説

「目的の共有」と「対話」が、組織に主体性を生む

学生たちが自主的にゼミを運営し、学びを充実させている秘密はどこにあるのか。

それは、学生たち自身がゼミの目的を「チェンジエージェント力を養う」と明確にしたことにあります。

目的を共有し、対話を重ねることで、それぞれが自発的に考える組織が醸成されていくのです。

著者の一人である高橋は、本科の大学院の卒業生として、中村さんの授業でそのプロセスを実際に経験した一人です。

そこでは最初の半年間、互いに自身の「目的」を語り合い、「あなたは人生のなかで、なぜいまここに居て、何を目指しているのか？」を聴き合うのです。

このプロセスを通して、自分の目的が明確になるだけではなく、「この人たちをサポートしたい」「私にはこの役割ができる」という気づきや自信が生まれ、それぞれが責任を持って「自分のできる範囲でチーム内の役割を担う」という行動を自然ととるようになっていくようです。

これは、まさに組織開発のスキルである「シェアード・リーダーシップ」の体験です。リーダーが担うさまざまな役割を分散できるチームほど成熟していくと言われますが、中村ゼミの学生たちは、自らの体験を通してその基本を体得していったのだと思います。

また、中村ゼミでは、明文化されていない「良い」の概念を学生たちが自主運営で機能させている点も注目すべき点です。

学生たちは「良いゼミ」「良いゼミ合宿」「良い外部プロジェクト」「良い他校交流」を実現させるべく、日々対話を行っています。

また、毎年ゼミ生が入れ替わっても、抽象的な概念や価値観が引き継がれているのは、4年生が、一人ひとりの気づきや失敗などのリアルな「経験ストーリー」を3年生に語っているためだと思われます。

それが、学生たちの自主運営組織であっても、「学習する組織」として自走できる理由なのでしょう。

COLUMN #2

教育現場での「個業化」を改善した組織開発

CASE7の大学に限らず、高校や中学などの教育現場では、授業だけでなく部活動や生活指導など生徒と教員が向き合うシーンが多様で、生徒一人ひとりや状況に適応する運営が求められます。

また、教員一人ひとりがプロフェッショナルとして働く教育現場は「個業化」しやすい組織とも言えます。仕事上のモヤモヤを一人で抱え込んでしまうことも多いので、組織開発は有効です。教員同士の関わりを深めることで、チームとして課題解決にアプローチできるのです。

ここでは、大学院で組織開発を学んだ須田恵子《すだけいこ》さん（仮名）が、教育現場で組織開発を実践した事例をご紹介します。

須田さんは都内のある区で、「より良い授業づくり」を目指した外部アドバイザーを務めました。2014年から2021年までの7年間、いくつかの中学校を受け持ち、英語科教員の授業改善に取り組みました。

以下は、須田さんによる当時の振り返りになります。

COLUMN #2

この区では、外部アドバイザーが小・中学校を巡回し、より良い授業が行えるように教員をサポートする取り組みを行っています。ご縁があり、私は中学校の英語科のアドバイザーを務めることになりました。

担当校を3校ほど持ち、週1回程度のペースで各校を訪問します。アドバイザーの役割は、英語の先生の授業を参観し、フィードバックを行いながら各先生の授業改善を行うことです。

実際に仕事を始めて感じたのは、アドバイザーと英語の先生が1対1で関わるだけではうまくいかないということです。中学校の「英語科」がチームとして機能する必要性を感じました。

私は大学院の授業で組織開発を学んだので、まずは英語科という小さな組織の底上げを図り、ひいては学校全体が変わっていくことにつながれば、という意識を持って担当校に関わりました。

しかし、私たちアドバイザーは、学校の先生方から必ずしも歓迎されません。先生方は多くの業務を抱えて忙しいなか、アドバイザーと話したり、フィードバックを受けたりする時間を取らなければならないからです。

「そんなことに時間を取られては困る」と、制度そのものに前向きでなく、非協力的な学校も少なくありませんでした。1年目の状況はとても厳しく、帰宅途中に涙をこぼしたこともありました。

支援対象の先生のなかには、私よりも経験豊富な方もいます。教員としての経験も少なかった私は、アドバイザーであることにも引け目を感じていました。

そんな私でも、頑張っている先生に何か言わなければならない。その先生はそんなことを望んでいないかもしれないのに……と、毎日、葛藤を抱えながら取り組んでいました。

一方で、本音で話せた人も何人かいました。また、アドバイザーとしての担当校へのやり方は一任されていたので、慣れてきた頃には「自分にできることを自分のやり方でやろう」と割り切ることができました。

そして、希望しない人に無理強いしないよう、「どんなふうに進めていきましょうか？」と、それぞれの先生に問いかけることから始めていきました。

ある担当校の英語科は、教員歴30年以上のベテラン、教員1年目と2年目の若手2名という顔ぶれで、それぞれが1～3年の各学年を主担当とする体制でした。

ベテランの先生は「それぞれに任せている」というスタンスで、若い2人の先生の面倒は見ていない様子です。

COLUMN #2

英語科としての連携不足が大きな課題だと感じ、私はベテランの先生に「教科部会を行いませんか?」と話を持ちかけました。その先生から若手の先生方へ直接声掛けをしてもらい、3人が揃う場を設けてもらうわけです。

若い先生は、ベテランに面と向かってモノが言いにくいものです。そこで定期的な部会により、ベテランと若手が対話をできる場をつくるよう働きかけ、英語科という組織の風通しを良くしようと努めました。

するとあるとき、私の働きかけを傍らで見てくれていた非常勤の学習支援員の先生が、「英語科の先生たちがすごく変わりました」と言ってくれたんです。私がいなくても先生同士でよく話すようになった。ベテランの先生も、あれこれ指示したり教えたり、情報共有したりするようになった。そんな話をしてくださったのです。

それを聞いて、「やってきて良かった」と心から思いました。

教員同士は、一人ひとりがプロフェッショナルで、横のつながりを持ちにくい。こうした風土では「個業化」が起きやすく、典型的なコミュニケーション不全に陥りがちです。

すると、OJTや、課題解決の助け合いができなくなってしまいます。

そんなときこそ対話です。コミュニケーション不全は、チームで対話を始めると簡単に解消できます。コミュニケーション量がゼロから1に変わるだけで劇的な変化が起きるのです。

当事者は、すぐにはその変化に気づけないかもしれません。しかし、対話を積み重ねていけば、その大切さを理解する瞬間は必ず訪れます。

須田さんが対話の機会をつくる際に使った〝表現〟も重要なポイントです。

須田さんは「教科部会を行いませんか?」と、現場が受け入れやすい「教科部会」という表現を使い、対話を推進しました。「組織開発を始めましょう」「対話をしましょう」とは言わなかったのです。

組織開発を目指す場合、専門用語を極力使わず現場が受け入れやすい表現を用いることがスムーズなはじめ方のコツです。

この事例はスモールサクセスですが、組織改革の萌芽があります。

「私が学校現場に残したのは、ささやかなものです」

須田さんは、そう謙遜しますが、「種は蒔かれた」とも感じます。

ベテラン教員と若い教員のあいだにつながりが生まれ、仮にベテランがリタイアしても、若い教員のなかにこの経験が活き、次のメンバーにも共有される。このことが持つ意味は小さくありません。

変化を感じられると、うまくいったことが伝承されていきます。そうしたことを積み重ね、自分たちで自分たちの組織を良くしていくことが大切なのです。

須田さんによれば、教員同士のコミュニケーションの重要性について理解し、実践してくれる先生も増えたと言います。教育委員会も「教科部会を持つように」と、現場に指示を出すようになってきたようです。

組織開発は、教育現場においてもその可能性を示したと言えるのではないでしょうか。

CHAPTER 3 監修者解説

CHAPTER 3には、CASE1からCASE7までの7つの事例と2つのCOLUMNが紹介されていました。以下では、これらについて、組織開発で議論されているいくつかの観点からコメントしていきます。

組織開発とは、「人が本質的に持っている」もの

いくつかの事例では、組織や地域がより良くなることに向けて推進した人々が、必ずしも意図的に組織開発をやろうとしたわけではありませんでした。

CASE1（三和化工紙）の三井さん、CASE2（ビッグスマイル）の江口さんは、組織開発の理論や手法を実践したわけではなく、組織が良くなることを願って社員と対話し、働きかけていきました。

CASE6（横浜中華街）では、対立する二派が協力する過程で自覚的ではないにせよ

組織開発が行われました。

組織開発は「すでに人のなかに存在している、人が本質的に持っているもの」と私は考えています。

組織開発の理論や手法は本や資料に書かれており、私たち個人の外にあるものです。一方で、組織が良くなることを願う想いや働きかける力は人々のなかに内在しています。自分がいるチームや組織を良くしたい、そのためにほかの人たちを理解し、コミュニケーションを通して協働し、楽しく充実した関わりをしたい、というニーズや願いを、（個人によって程度の差はあるものの）人は意識的または潜在的に持っているのです。

組織開発の「手法」を実践することだけが組織開発ではないということを、本書の事例が示してくれていると言えるでしょう。

私たちのなかにすでにある本質に火が付いてエネルギーが高まることで組織が良くなっていくのか、それとも火が付かずにくすぶるのか……。

残念ながら、人々の組織を良くしたいという心に火が付かずにくすぶっている状態の組織が多いのが現状かもしれません。

「組織開発」という言葉の扱い方

組織開発を始める際に、「組織開発」という言葉を用いて展開していくかどうかは検討する必要があります。

CASE3（パナソニックグループ）では、自社に向けた組織開発を定義し、それを軸に組織開発を展開していきました。

組織開発という言葉を用いて展開する場合は、パナソニックグループのように、わかりやすく人を惹きつける定義をしたうえで、組織のなかで広報していくことが必要です。

一方で、COLUMN2のように、組織開発などの専門用語を使わず、「教科部会」という現場に馴染みがある言葉を用いながら取り組みを始めている成功事例もあります。

組織開発という言葉を用いるなら現場に受け入れられるような定義から始めること。そうでなければ、組織開発という言葉ではなく、現場の人々に内在した言葉（＝現場の人たちが使っている、理解しやすい言葉）を用いること。それが組織開発のはじめ方のポイントの一つだと言えます。

組織開発では、どんな「価値観」を尊重すべきか？

組織や地域を良くする取り組みのもとにある価値は、事例によって異なっています。

CASE5（広島県熊野町）は災害から命を守るという、生命という根源的な価値です。

CASE1（三和化工紙）では、社長である三井さんが、元社長の父親から言われた「社員一人ひとりにやりがいや達成感を持ってもらえる職場づくり」を目指しました。

三井さんの取り組みのベースとなったのは、人のやりがいや達成感、幸福感を重視する、**ヒューマニスティックな価値**（＝人間尊重の価値）ととらえることができます。

CASE2（ビッグスマイル）の社長である江口さんは、規模拡大を目指し、社員のことを「コマ」としか見ていなかったと語っていました。当時は規模拡大や業績が上がることを重視した、**経済的な価値**をベースにしていたと考えられます。

しかし、社員の集団離職をきっかけに、「全従業員の物心両面の幸福を追求する」ことに本気で向き合い、社員とのつながりを重視し、一人ひとりが幸せになることを目指すようになりました。

これは経済的な価値だけではなく、ヒューマニスティックな価値も重視したマネジメントが行われるようになったととらえられます。

「価値のジレンマ」をどうとらえるか

経済的な価値とヒューマニスティックな価値は、相反することがあります。

たとえば、会社や上司による業績向上の圧力によって、社員は成果を上げる（経済的な価値）と同時に、ストレスを抱えてメンタルヘルスを患う（ヒューマニスティックな価値）といった場合です。

「価値のジレンマ」が起こる場合に、組織開発は、ヒューマニスティックな価値観のみを重視していいのでしょうか？

2005年にアメリカで出版された『Reinventing organization development（組織開発の再発見）』と題する本では、組織開発はヒューマニスティックな価値観を強調しすぎている、という主張がなされています。

組織にはいろいろな側面、すなわち、外部環境、理念、戦略、組織の構造、報酬体系や人事制度、業務手順や技術システム、ヒューマンプロセス（＝文化や風土、関係性、コミュニケーションのありよう、リーダーシップなど）があります。

ヒューマニスティックな価値観のみを強調する場合、組織のなかの一側面のみに焦点づけることになります。

組織は、さまざまな側面から構成された複合体なので、組織を良くしていくためには、いろいろな側面の一致性を高めていく必要があるはずです。

経済的な価値か、ヒューマニスティックな価値か、どちらが大事か、という二者択一の議論は不毛でしょう。

CASE3（パナソニックグループ）の組織開発の定義である、「人と組織のポテンシャルを引き出し、自己実現と事業成果の両立を目指す」には、自己実現というヒューマニスティックな価値と事業成果という経済的な価値の両立が謳《うた》われています。

CASE2（ビッグスマイル）の江口さんは「飲食で1兆円企業をつくる」という夢を持ち続けており、経済的な価値も大切にしています。そして、社員が幸せになり、事業が世のなかのためになれば、結果が1兆円企業だとも語っています。

これらの事例は、価値のジレンマを組織開発ではどのようにとらえるのが良いかを示唆しています。

すなわち、ヒューマニスティックな価値を通して組織の健全性に働きかけるとともに、業務の効果性を高めることに取り組むことで、結果として経済的な価値を実現できる（経済的な価値の達成を目的にしない）のです。

「成果にどうつながるか」を丁寧に伝えるのがはじめの一歩

組織開発のはじめ方としては、最初は関係づくりを強調する導入の仕方と、関係づくりと業績の向上の両方を強調する導入の仕方があります。

前者に該当するのが、ＣＡＳＥ４（東芝テック）のように、自分を語る対話を通しての関係づくりを起点とした取り組みなどです。

このはじめ方は、「数字も追わずに、そんなことやっていて良いの？」という声が現場で挙がるなどの抵抗が起こりやすいと考えられます。

一方で、対話の場で業績について語ると、いつものコミュニケーションパターンが再現されることになり、新しい関わり方や語り方、意味づけが創発されない可能性があります。

健全性を高めることを目指して、お互いを知ることや信頼関係の形成に取り組む場合は、対話を始めるにあたって、「その取り組みが将来の事業や成果にどのようにつながっていくか」を参加者に伝えて共有していく必要があるのです。

事例から見えてくる「関係の質」の4段階

以下では、関係の質には、①知り合う、②相互理解と信頼関係、③協働関係、④自己革新する関係、の4つの段階が含まれていることを、本書の事例を通して紹介していきます。

①知り合う

まずは、関係構築の最初の段階である、知り合うことについてです。

CASE5（広島県熊野町）では、ワークショップを通して、年代を越えて地域の人々が知り合い、仲間づくりが行われました。

この事例は地域での取り組みですが、組織を良くしたいと感じている人々が「知り合う」ことの重要性は企業でも同じです。

CASE4（東芝テック）では、オフサイトコーディネーターとなった若手・中堅社員が対話の場に集い、語り合うことを通して、廣瀬さんが「みんな心の根っこでは会社を良くしたいと思っている」と気づいたように、同じ志を持つ社員が知り合い、ネットワークが形成されていきました。

同じ職場やグループに所属している人々なら、この「知り合う」関係性はすでに形成されていますが、地域や大きな企業のように同じ想いを持つ人同士が知り合っていない段階では、関係の質の向上は「知り合う」ことから始めていく必要があります。

②相互理解と信頼関係

関係構築の次の段階は、相互理解と信頼関係の構築です。

CASE1（三和化工紙）で三井さんは、社員との面談を通して社員に自分自身を理解してもらいました。

CASE2（ビッグスマイル）で江口さんは、社員に対して自分を語ることや、勉強会で関わりの薄かった社員の悩みを聞いて社員を理解していきました。

CASE3（パナソニックグループ）では自分のことを語り合い、お互いを知り合う対話が行われています。相互理解と信頼関係の構築により、心理的安全性も高まりました。

これらの例のように、相互理解を深めるための特別な場を設けることはアプローチの一つです。業務を行いながら、人への関心を持つことで、業務を通した相互理解と信頼構築を行うことも可能です。

知り合い、相互理解をして信頼関係を構築することは、組織のなかの健全性を高めることにもつながります。

③協働関係

業務というタスクがより効果的に遂行されるためには、協働関係を高めることが必要とされます。この協働関係の構築が第3段階でしょう。

効果的な協働関係が構築されるためには、目的や目標の明確化と共有化、効果的な分業と連携、効果的な業務プロセスの共有と改善、チームとして協働するマインドの醸成などが必要とされます。

手前味噌ですが、CASE7（中村ゼミ）では、「チェンジエージェント力を養う」というゼミの目的が、ゼミ生同士の対話を通して明確になり、共有されることが、ゼミ生の協働関係の高まりにつながっていました。その目的が軸となって、ゼミ生が入れ替わっても受け継がれる風土が醸成されています。

CASE6（横浜中華街）では、国家レベルの歴史を背景とした対立を越えて、関帝廟の再建という共通の目標を達成するために二派が協力しました。

このエピソードも、協働のためには基盤となる共通の目標が重要であることを示しています。

④自己革新する関係

第４の段階が、自己革新する関係です。

思いや考えを正直に伝えることができる、相互にフィードバックできる、改善について話し合い実行できる関係性のことです。

組織開発の究極の目的は、チームや組織の自己革新力が高まることにあります。自己革新力が高まったチームや組織は、自ら変わり続け、持続的に機能することが可能になるのです。

CASE1（三和化工紙）で社員の方が語った、「社長に出会わなかったら、いまの人生はなかったと思う」という言葉は、社員と組織の自己革新する関係づくりを三井さんが促進していることを示唆しています。

CASE2（ビッグスマイル）では、新型コロナウイルス感染拡大という環境の変化に適応し、社員が生産者のもとを訪れることで、生産者とのつながりを強めていきました。

このように、変化する環境に適応できるように組織が進化する力も、自己革新力の一面なのです。

以上のように、私が考える関係の質に関する4つの段階について述べました。

なお、ヒューマンバリュー社[*13]が関係の質のレベルと属性を提唱しているので、別の視点から考えたい方は参照してみてください。

このように、組織開発を始める際には、知り合うことや、相互理解や信頼関係の構築を目指す取り組みを行うことがあります。そのような相互理解や信頼関係を構築することを目指した取り組みは、現場からの「ただでさえ多忙なのに」という抵抗や反発が起きる場合があります。

たとえばCASE3（パナソニックグループ）では、現状での課題やありたい姿について本音で対話できる関係にはいきなり到達できないから、まずは相互理解や信頼関係の構築を目指して自分を語る対話を行うと参加者に説明されています。

＊13　組織開発や人材開発のコンサルティングやトレーニングの実践と研究を行い、海外の理論や手法を日本に紹介する出版にも取り組んでいる日本の企業。

組織開発を始める際には、最初のステップとして取り組みの内容と、この先に関係の質のどのような過程や変化を想定しているのかを伝え、意味づけていくことが大切です。

CHAPTER

4

さあ、組織開発を始めよう

ここでは著者3人が組織開発の「はじめ方」「進め方」についてさらに深く解説していきます。CHAPTER 3でご紹介した組織開発の事例では、いずれも良い変化が起き始めていました。これらの事例を読み解いていくと、良い組織開発のためのポイントが浮かび上がってきます。

早瀬

CHAPTER 3の事例が多様だったので、ここでポイントを振り返ってみましょう。何をもって成功していると言うかについてはさまざまな見方がありますが、組織が良い方向に変わり始めている、という点では共通しているのではないでしょうか。

瀬山

そうですね。この共通点をもう少し整理して、ポイントとしてご紹介できればと思います。

高橋

事例を踏まえてまとめると、組織開発の特に「はじめ方」のポイントは、大きく3点に集約できそうです。

- ●モヤモヤしたら、すぐ始めよう
- ●「なぜやるの？」を大切にする
- ●焦らない、諦めない

まずはできるところから始める。「集まる場所」をつくってみる

瀬山

紹介した事例は、程度の差はあれど、いずれもこの3点を実行していますよね。まずは**「モヤモヤしたら、すぐ始めよう」**という点を見ていきましょう。これは「手法にとらわれるな」ということでもあります。

組織開発には、アプリシエイティブ・インクワイアリーなどの洗練された手法がたくさんあります。これらをマスターすることや、ファシリテーションスキルを高めるなど、型を整えることはもちろん大切です。

しかし、それにばかり時間を取られてしまうのは本末転倒でしょう。**モヤモヤしたら、すぐ始める。まずは何より、はじめの一歩を踏み出す勇気が大事です。**

早瀬

できるところから始める。それが、最初の段階で重要なポイントですね。

CASE3のパナソニックの事例では、上から方針が下されるのではなく、気づいた人が上に掛け合って専門部署をつくりました。そして、モチベーションの高そうな部門やチームから徐々に賛同者の輪を広げていくという動き方でした。

図7 組織開発のはじめ方　7つの事例

三和化工紙
社員一人ひとりの
声を聴く

横浜中華街
共通の目的に
働きかける

ビッグスマイル
トップの成長による
組織の成熟

広島県熊野町
ゆるくつながっておく

パナソニック
自分たちなりの
組織開発を定義する。
やる気のあるところから
始める

南山大学　中村ゼミ
みんなで目的を
明文化する

東芝テック
自分自身を語ることで
関係性を構築する

高橋

それが自然ですし、地道だけど無理がないはじめ方ですよね。私は、社員の誕生会から始めたCASE1の三和化工紙の事例がとても印象に残っています。こちらも無理がありませんし、組織開発を始めますよ、という押し付け感もありません。

瀬山

三和化工紙は、そもそも社長自身がそれを組織開発だと認識していませんよね。社内の一体感に欠ける状況に対し、外部コンサルタントの招集や社員研修といった堅いアプローチを取らず、信頼関係を築くためにケーキを食べながら話し合うといった素朴な活動を粘り強く継続されたことが印象的でした。

CASE2のビッグスマイルも同様で、飲み会や対話を徹底して続け、さらに仕入れ先の生産者とも密なコミュニケーションを図っていました。

高橋

これらの事例からわかるのは、**組織開発を知っていなくても、誰でも「はじめ」のきっかけをつくることができる、**ということですね。

早瀬

組織開発のなんたるかを知り、意識的に始めたのは、CASE4の東芝テック

高橋

とCASE3のパナソニックグループの大企業2社でした。その2社についても、組織開発を知らない社員を巻き込んで、徐々に輪を広げています。

東芝テックは上から方針を落とすというはじめ方に見えますが、すぐに共感する社員が現れて、仲間づくりが始まります。感度の高い人が輪を広げていくという事例です。

大企業の場合は、組織開発に取り組むことを上層部に認めさせる、という高いハードルがあることもお伝えしたほうが良いでしょう。

社員の時間をかなり使う活動ですから、それに対する投資判断は非常に難しいものです。しかも多くの場合、「なんでこんな忙しいときにこんなことをしないといけないんだ」という〝やらされ感〟が組織全体に起きる。トップはそれが怖いんです。

私が企業で組織開発をしていたときには、そういう反応に対して、理屈ではなく「忙しいときほどやるべきですよ」と単純な言い方をしていました。くどくどと説明してしまいがちですが、言い切るのがコツなんです。

組織の変容には時間がかかるし、成果を数値化しにくいという点で、上層部の無理解、投資判断など、組織開発を始める際には、現実的な問題は常に存在しますよね。ですから、**「できるところから、始めて良い」**と思っておくと気が楽だと思います。

組織開発は、「どうもこの状態はいかん」と誰かが感じ、そう感じているのは一人や二人ではない、というところから動き始めます。

これは人と人との関係性を通して共感を広げていくような活動なので、隣の一人に「そうだよね、私もそう思う」と言ってもらえると始まりやすいと思います。東芝テックは、まさにそういう事例でした。

チームづくりで言えば、**まずは無理やりにでも、どこかに「集まる場所」をつくってみる**のも良いでしょう。オンラインでも良いと思います。

目的やイメージ、良い組織観を共有し続ける「意志」を持つ

瀬山

大切なのは、**組織を良くしたいという「意志」**である点も強調しておきたいですね。手法ありきではなく、変革を始めようとする人たちの思いや意識から始

まるという点です。

高橋

そうですね。加えて、どのような「良い」組織をつくりたいのか、**目的やイメージをとことん共有する意志を持つ**ことも成功の秘訣だと思います。

最近の企業はメンバーの入れ替わりが激しいので、常に共通の目的を伝え続ける「意志」が大切になります。そうしないと、いつまでたっても目標への足並みが揃わなくなってしまいます。

さらに、**「良い組織観」を全員で共有し続けていく意志**も大切でしょう。一人でも目標を共有できていない人がいると、必ずゴールが遅くなります。

中村和彦さんの授業では、メンバー全員でイメージを絵に描いたり、言語化して壁に貼ったりしていました。これも「メンバー全員で」という点がポイントです。

早瀬

抽象度の高い言葉を掲げると解釈が分かれやすいので、お互い腹落ちをするための話し合いのプロセスが必要ですよね。そうしないとなかなか浸透が難しいと言えます。

メンバー間の差異に注目し、「良い」の物差しをつくる

瀬山

目標を明確にするという点で、**「なぜやるの?」を大切にする**のは、組織開発の出発点としてとても重要になりますね。

早瀬

「良い組織をつくりましょう」というのが目的ですが、それをもっとブレイクダウンし、**「良い」の物差しをつくる**ことが大切です。そうしないと、どうなったら良くなったと言えるのかわかりませんよね。

瀬山

「良い組織」についての物差しがあれば、メンバー間で「良い」の解釈に多少の差異があったとしても、話し合いでわかり合っていけますよね。

高橋

組織開発では、差異があるのは良いことだと認識されています。そもそも組織開発の基礎は、**「差異に注目する」**ということです。

メンバー間で「良い」の解釈を話し合う際には、現状の「良くない組織」や理

想の「良い組織」観に対する個別の感じ方を話し合うと、お互いの組織に対するまなざしの差異がはっきりしてくるでしょう。

そこで初めて、「じゃあ、私たちの『良い』の物差しって何だろう」、という話し合いが始められるのだと思います。

最初に時間を取る、そして焦らない。変化がなくても「諦めない」

早瀬 目的を共有することは大切ですが、変化に対応する必要もあります。組織を取り巻く環境は常に変化するのが大前提です。

瀬山 状況変化に鈍感であってはいけない。組織開発をやること自体が目的になったらまずい、ということですね。

早瀬 そうです。内外の状況変化を受けて組織のコンディションも変わりますから、臨機応変な対応が必要です。

「焦らない・諦めない」というのは、それも踏まえて時間をかける覚悟をしよう、ということです。

瀬山

モヤモヤの真因を見つけることも、それをどうやって解決するかも、対話によって進めていくことになりますから、当然、時間はかかりますよね。

早瀬

そこですね。どんなに忙しくても時間を取って対話することが大切だという気づきがカギになります。

そうすると、たとえば普段は斜に構えていて、仕事はできるけれど、そういう活動にネガティブなオーラを出していた人が意外と早く変わるんです。

そうした人の行動変容は、周りに与える影響がすごく大きい。そこから、ガラッと組織が変わったりします。

高橋

組織開発は、**最初に時間を取るほうが、後半に早く成果が出ます。**メンバーが持っているポテンシャルや気持ち、やりたいこと、できることなどを聞き合ったり理解し合ったりしてから始めると、ゴールまで走り切ることができます。

早瀬

そうでないケースでは、途中で崩壊し、最初のプロセスに戻ってくることが多いです。「最初から、私はこう思ってたんだよね」「それ聞いてなかった」などと言い出す人が出てくる。

結局、最初のプロセスに戻って、みんなの当初の気持ちを聞き直したり、モヤモヤを洗い出したりするという時間のかかる手戻りが起こります。ですから、最初に時間をかけることが大切です。決して焦らないでほしいと思います。

ただ、先ほど早瀬さんがおっしゃったように、最近は状況の変化が大きいので、最初のプロセスからやり直すこともあるかと思います。そのような場合は諦めないことです。基本的に組織が変化する際には、成長痛のようなつらい面もあるものです。

特に責任者の方は、なかなか変化が起きないと焦ってしまいますよね。「時間」は組織のリソースのなかで一番貴重なものなので、投資対効果としてどうなのか、という話になってしまう。だけど、そこで得られる組織の変化はお金で買えないくらいとても貴重なものだと合意できると、前に進むことができます。

高橋

前に申し上げた通り、組織開発は最初に時間をかければかけるほど、後半が早くなります。そこで起きる変革は、後世の何十年にもわたり大変な影響力があり、未来を変えるほどのパワーがあります。

一人ひとりを尊重して対話を進めるなかで、組織の新たな価値観もすり合わされていきます。新たな価値観をじっくりと共有したメンバーには、あうんの呼吸が生まれます。

最初は時間がかかるかもしれないけれど、価値観を共有したチームは走り出すと早い。多少のつまずきも支え合うので立ち直りも早いのです。

忖度が起きない方法で、組織のモヤモヤを「見える化」する

早瀬

ここまで、組織開発の「はじめ方」のポイントをめぐって話を進めてきました。あらためて挙げると、モヤモヤしたら、すぐ始めよう、「なぜやるの？」を大切にする、焦らない、諦めない、ということです。

ここからは「進め方」について、考えてみたいと思います。

進め方という意味では、「話し合いの仕方」が大切なポイントになるのではないでしょうか。

瀬山

多くの人は、「職場で自分が思ったことを話す」ということに慣れていませんよね。

早瀬

はい。そのため、中身の濃い話し合いを実現するための仕掛けとして、**「見える化」**が非常に効果的です。さまざまな場面で使われる言葉ですが、組織開発においては、**多くの人があまり意識していないモヤモヤを顕在化してテーブルの上に広げる**、ということです。

瀬山

「話のはじめ方」についても気をつけたいですよね。

早瀬

そうですね。グループで話し始めると、第一声を挙げる人が場を仕切ってしまうことがほとんどです。

最初に声の大きい人が話し始めると、みんなが忖度して話す内容が偏り、本音が出なくなることがグループ対話の世界ではよく起こります。

それを避けるためには、**「まず書きましょう」**と言って、紙に意見を書いてもらうことも一つの手です。すると、小さな声も拾えます。

心理的安全性を高めるための「グラウンドルール」をつくる

高橋

忌憚なく話をするために、**グラウンドルールをつくる**こともカギになるのではないでしょうか。メンテナンスプロセス（気持ち系）に関してのガイドラインや行動指針をつくり、心理的安全性を確保するということです。

瀬山

みんなが思っていることを述べられる「場」をつくる、ということが大切ですよね。

そのうえで、お酒を飲んで本音を語り合う場をつくる、誕生会を開いてお祝いしながら将来のことを話し合う、ワークショップで意見を出し合うなど、人それぞれのやり方で対話を進めると良いと思います。

早瀬

COLUMN1の「越境オープンラボ」は参考になりますよね。明確な目的もなく大人が集まってだらだら話し合う心理的安全性が確保されている。

話し合いのなかで創発が生まれる可能性もあるし、生まれなくても気にしない。

職場のなかでだらだら話すのは難しいと思いますが、目的のある話し合いしかしてこなかったからこそ、モヤモヤが生まれているのかもしれないですよね。

「組織が変わる」とは、「個人が変わる」こと

瀬山

ところで「組織開発の効果」については、どう説明すれば良いでしょうか？

「ここがこう良くなる」というような実利を求める人は多いと思いますが。

早瀬

突き詰めて言えば**「一人ひとりの行動変容」**です。

人の考えや行動は簡単に変わりませんが、**組織が変わるために個人が変わる必**

要がある。

会社員に、『お前はこういうところがあるからこう変えなければいけない』と上司に言われたら変わりますか?」という問いを投げたら、「多分、変わらないだろうな」というのが一般的な答えだと思うんですね。

では、同僚にそう言われたらどう思いますか? 後輩に言われたらどうですか? といろいろなパターンで問いをいくつか投げているうちに、実は理屈じゃなくて自分の感覚みたいなものに行動が左右されていることがだんだん見えてきます。これが変化へのテコになります。

CHAPTER 1、2の佐藤さんのストーリーに登場する年長の部下、田中さんのように、こうした活動に対して斜に構えている人は、もともと仕事に真面目に取り組んでいるわけです。ですから、気づけば早いんですよね。

瀬山

組織開発の「効果」は、組織開発による「変化」に言い換えられる、ということですよね。

「愛」を持って、多様性を尊重して進める

高橋

組織開発を進めるうえで大切なこととして、**支援してあげたい、という強い想い**も挙げられると思います。

メンバーが良くなるように祈る気持ちや、メンバーが動きやすい環境をつくってあげたいと思うパワーは、組織開発における原動力となります。

早瀬

たしかにそうですね。先輩のコンサルタントの方で、組織開発とは「愛」だと言っていた方がいました。**組織やメンバーに対する愛。**それが組織を良くするための取り組みのエネルギーになる。

高橋

組織開発の最初の段階では、「違和感をホンネで話し合えるチーム」をつくり、「より良い組織づくりへの共感」を生み出すことが大切です。

しかし、組織開発を始めた際に、共有しようとしている違和感などを頭ごなしに否定されたり、やっても無駄だと言われてしまったりして心が折れてしまうこ

ともあります。

　このとき、お互いの対応しだいで組織開発の行方が良くも悪くもなる。その意味でも、組織開発を推進する立場の人には「愛」が必要だと思います。

瀬山

　日本の企業組織については、特に「愛」という言葉のニュアンスがとてもしっくりくるのではないでしょうか。

　社歴のある日本企業は「家族主義」「信頼」といった、社員同士の関係性を示す理念を掲げるケースが多くあります。これらを踏まえて「愛」という言葉を考えると、**互いに相手を組織の一員として認め合い、組織のなかで場と時間を共有していきたい**というメッセージにもなりそうです。

　企業にとっては利益などの組織目標を達成するための機能性や合理性が欠かせません。利益がなければ組織として存続できないし、社員の生活の保証という重要な目的を果たせないからです。

　しかし、もっと素朴に「この人と一緒にいて良かった」と思える関係性を育むべきだとも言えます。

「愛」という言葉に照れくささを感じるなら、**「利他」**という言葉に言い換えても

高橋

良いと思います。

さらにかっちり述べるなら、リーダーシップのＰＭ理論でも説明ができるかもしれません。これは「パフォーマンス（Ｐ）目的達成軸」と「メンテナンス（Ｍ）人間関係維持機能」の２軸でリーダーシップを把握する、という考え方ですが、人の気持ちに配慮するメンテナンス機能もいるよね、ということです。

私はたまに、ホワイトボードにタコの絵を描くんです。自分の組織の末端の人たちを軽んじるということは、タコ（自分）の足を食べているようなもので、そのうち歩けなくなりますよ。だから足を愛してね、という感じで。

一部をおざなりにすれば全部自分たち自身に跳ね返ってくるということです。

このような考え方は「システム思考」と言われ、組織開発が大切にしている根本的な考え方でもあります。

全体で幸せになろうよ、部分だけが幸せになっても仕方がない、誰も犠牲にしない、という思想であり、そのために対話環境をつくる努力をしていきましょう、という考え方です。

早瀬

多様性を尊重する、ということでもありますね。

高橋

そうです。手法としては、他人のことを否定しないなどのグラウンドルールを書いて貼りだしたりするわけです。

「小さなグループ」から始めて、意図的に働きかけていく

瀬山

いま、特に大企業に関して思うのは、人間関係を円滑に保つための伝統的な前提が揺らいでいることです。

たとえば年功序列とか男性中心といった、かつては社会全体で広く受け入れられ、組織をまとめていた拠りどころが変化してきていると思います。

その影響は社長が強力なリーダーシップを発揮できる中小企業より、大企業のほうが大きいように思います。

一昔前であれば、経験豊富な年上の男性が重要な立場に就いて意思決定してくれたら良いよね、という暗黙のルールで組織が丸く収まっていたという一面もあ

るでしょう。

でも、いまはそういう時代ではありません。リーダーを選ぶ基準を年齢や性別以外の何におけばみんなが納得するのか、そうした根本的な前提から話し合う必要があります。

高橋

組織に遠心力が働く時代ですよね。

大企業は特にそうですが、早期退職を促されることなどの事情から、ほとんどの人が45歳ぐらいから企業に意識が向いていない。自分の未来、独立後のことを考えている。

組織を良くするために何かやろう、という意識を持ちにくい時代です。

早瀬

だからこそ、**モチベーションや愛着心、信頼といったエンゲージメントが企業で問われています。**

従業員の意識調査「エンゲージメントサーベイ」を実施した大方の企業で、その数値が悪くなってきている。そこでエンゲージメントを上げるために「ウェルビーイング」や、少し前だと「ワークライフバランス」「働き方改革」などの言葉が使われていますよね。でも、なかなか浸透していないのが現実ではないでしょうか。

本来、エンゲージメントは、現場レベルでの働きやすさや、その組織の雰囲気の良さなどに依存しています。だからこそ、部署ごとに組織開発が充実しないと、絶対に上がらないはずなのです。

瀬山

そう考えると、**組織開発はクリティカルな課題が発生して初めて着手するということではなく、日頃から取り組むべきもの**なのかもしれません。

高橋

そうですよね。中村和彦さんは「生産や協働のコアとなるグループが大事」といつもおっしゃっていますが、**小さなグループのメンバーそれぞれがチェンジエージェントであることが必要な時代**になってきています。

大企業であっても、小さな部門のなかで、自分たちでその部門を働きやすくして楽しくする、という力が必要になってきている。

幹部が考えた制度がドーンと全社に落ちてきて事態が好転する、なんていうことはもう望めない時代になっちゃった。

そういう時代だから、全体に対する求心力が必要というより、「自分たちで一緒に組織を楽しくする力」が求められている。それがすなわち組織開発だと思うんです。

このとき、「モヤモヤして困っている人」と「困っていない人」がいるなら、困っていない人をいかに巻き込み続けるか、が大切になります。

「私ごと」の個人のモヤモヤを、「私たちごと」の組織のモヤモヤにしていくプロセスでは、メンバーの共感を得ていかなくてはなりません。

組織開発では、最初は共感してくれそうな人を見つけてアプローチして、次は段階的に輪を広げよう……などと、手順をたくらむことを始めます。

効果性と健全性を守りながらゴールできる、成功への大きなプロセスを描いておくのです。それを私たちは「計画的に行う」とか「意図的に働きかけていく」と表現しています。

「できるところから始める」のですが、継続するためには「意図的に働きかけていく」ことも意識していくと良いと思います。

組織が変わる「最高の瞬間」を楽しむ

瀬山

最後に、これから組織開発を始める方に向けて、ひと言ずつ述べていきましょう。

今日の豊かな社会は、一人ひとりが組織のなかで目的を共有し、協働する努力を積み重ねることで築かれたとも言えます。

根っこにあるのは、相手を思いやり、関係性を育む「愛」だと思います。

組織開発とはとても人間らしい活動であり、だからこそ「誰もが始められる」ということを、ここであらためてお伝えしておきたいと思います。

早瀬

組織開発を職場で始めてみると、多くの人が「すっきりした」「気持ちが良い」といった感想を口にします。普段はなかなか言い出せない「気持ち」を述べて、それを受け止めてもらえるからです。

仕事のコミュニケーションは一般的には指示や依頼です。タスク志向ではない、心が動くような対話を味わうのが組織開発の醍醐味です。

高橋

ぜひ、多くの人にトライしていただきたいと思います。

組織開発とは、組織メンバーの関係性をつむぎ直すような作業だと考えています。人と人との関係性を再構築しながら、メンバーや組織全体が可能性を再発見していくプロセスです。

ですから、はじめに丁寧に関係性を構築しておくと、組織開発の後半では、メンバーが思いがけない才能を発揮し始めたり、ナナメ45度の組織の可能性が創造されたりして成果にも貢献していきます。

このような感動的な瞬間を当事者として共有できること、それこそが組織開発の良さや楽しさだと思います。

読者のみなさんにも、ぜひその瞬間を味わっていただけると嬉しいです。

おわりに

最後まで本書をお読みいただき、ありがとうございました。
執筆を終えたいま、著者3人が感じていることをまとめたいと思います。

何より思うのは、この本をつくること自体が「私たちの組織開発」だった、ということです。異なるキャリアを持ち、立場の違う3人は、「自分語り」も交えつつ企画をめぐって対話を重ねながら、だんだんとお互いの人となりを知り、協力関係を築いていきました。「誰もが幸せに組織で生きていける第一歩を踏み出してほしい」というゴールを合意して、そこに向かって書き進めながら、私たち自身がチームになっていく、という体験をすることができました。その過程を、すべてオンラインで進めていったということも、忘れることができません。

よき組織開発は人材開発を伴う。よき人材開発は組織開発とともにある。

これは本書の監修者である中村和彦さんが、立教大学教授の中原淳さんと一緒に書かれた『組織開発の探究——理論に学び、実践に活かす』（ダイヤモンド社）の冒頭に記された一文です。私たち3人は、その意味をあらためて体験的に理解しました。違う領域で生きる3人が時間を共にし、数多くのヒアリングなどを通して、それぞれがさまざまな気づきや学びを得たと思います。

人は技術を学ぶことによってだけ育つのではなく、リーダーシップやコミュニケーションも学び、そこから多くのものを体得します。

相手がいないとキャッチボールは成り立ちませんが、今回私たちは何度もキャッチボールをくり返しながら（合わせると何十時間、キャッチボールをしたでしょうか）、チームとして成熟し、それぞれが成長するという体験をしたと思います。

事例を通して「はじめ方」を伝えよう、というのは割と早い段階で生まれたアイデアでした。ただ、あまり計算せずに事例を話してくれる人たちを呼び集めて話を聞き、原稿にしてみると、それが多様であるだけに予想していなかった化学反応的なものがありました。このように、新たな知見に目を見開かされた、というのもエキサイティングな経験でした。

また、障害が出現したときに、誰かがチームを引っ張るというシェアード・リーダーシップが発揮されてチームが成熟していった、ということも感じています。

企業の行うビジネスであれ、地域活動や教育であれ、私たちが社会で為すことはほとんど例外なく、他者との関わりから生まれ、続いていきます。対話に基づいてチームを良くしていく活動に「組織開発」というラベルが貼られたのは、人間が工業化を成し遂げて、会社で集まって仕事をするようになってからですが、それはおそらく有史以来、人が持っている力を呼び覚ますために続いてきたことなのだろうと感じます。

つまり、普通にやってきたこと。だからこそ、組織開発を単に技法としてとらえることを避け、多くの経験の束としてお伝えする手段をとりました。

本書は組織開発の「はじめ方」にフォーカスして、多くの事例を交えながら、そのポイントをお伝えしてきましたが、それは、ほんの入り口にすぎません。そこに物足りなさを感じる読者の方もいらっしゃるだろうと思います。その先にはまだ続きがあり、各業種業態に合わせた対話の仕方、見える化の仕方など、いくつもの工程を経て、目指す業務成果に結びついていくことになります。

組織開発の実践者として現場と向き合うなかで、「みんなのコミュニケーションが良くなる」ことは、時間さえかければできる、ということを私たちは知っています。本当に難しいのは、その先のステップです。職場ごとに起きている問題・課題は異なり、往々にして複雑で、根が深かったりします。それをきちんと紐解いていくという作業は相当の時間を要しますし、マネジャーの真の力量が問われることにもなります。こうした、「はじめ方」の先にあるステップの解明と解説につきましては、またあらためて別の機会に、（このチームで）じっくり取り組みたいと考えています。

本書は多くの方のご協力を得て書かれました。最後に、その方々のお名前を挙げて感謝の言葉に代えたいと思います。

三和化工紙の三井貴子さん。ビッグスマイルの江口慶さん。敷信村農吉の中岡和己さん。パナソニックグループの礒貝あずささん、大西達也さん、戒能直美さん、河村都美子さん、前川督之さん。東芝テックの内山昌巳さん、大西泰樹さん、川口望さん、廣瀬恵介さん、松木幹一郎さん、綿貫琢也さん。

法政大学の石山恒貴さん。越境オープンラボの参加者のみなさま。

広島県熊野町のみなさま。熊野町役場のみなさま。日本ミクニヤの上園智美さん、富本啓介さん。中井佳絵さん。横浜中華街の曽徳深さん。根本英明さん。荻野楓さん。須山亜由美さん。

みなさまには貴重なお時間をいただき、お話をうかがいました。さまざまな実践の様子を知ることができ、本書にリアリティと厚みが生まれました。

また、監修を引き受けていただいた中村和彦さん。組織開発の実践者である私たちにとって、中村さんは直接・間接に学術的な指南とともに、常に「励まし」をくださる存在です。今回は、すべてのページに目を通していただき、CHAPTER 3の事例については総括的な解説をいただきました。

そして、ダイヤモンド社の小川敦行さん。小川さんが栄転された後を引き継いでいただいた同社書籍編集局第三編集部の畑下裕貴さん、工藤佳子さん。

企画の最初から最後まで並走していただいたライターの間杉俊彦さん。

みなさま、本当にありがとうございました。

2023年7月　早瀬信、高橋妙子、瀬山暁夫

監修・解説

中村和彦（なかむら・かずひこ）

南山大学人文学部心理人間学科教授。名古屋大学大学院教育学研究科教育心理学専攻後期博士課程満期退学。教育学修士。専門は組織開発、ラボラトリー方式の体験学習、グループ・ダイナミックス。米国 NTL Institute 組織開発 Certificate Program 修了。トレーニングや組織開発コンサルティングなど、さまざまな現場における実践に携わるとともに、実践と研究のリンクを目指したアクションリサーチに取り組む。主な著書に『入門　組織開発』（光文社）、『組織開発の探究』（共著、ダイヤモンド社）がある。

著

早瀬信（はやせ・まこと）

組織開発コンサルティング会社セセリー代表。早稲田大学理工学部卒業後、キヤノン株式会社へ入社しマーケティングなどに従事。退職後も続けられるスキルを得るため、社内異動を希望し組織開発コンサルタントとなる。約11年のコンサル実践、延べ2000人以上の指導経験を持つ。定年退職後に独立。特定手法に依存せず、組織状況に寄り添う柔軟な組織開発支援を行う。

高橋妙子（たかはし・たえこ）

組織開発コンサルタント。南山大学大学院人間文化研究科修士課程（教育ファシリテーション専攻）修了。同大にて中村和彦氏に師事。卒業後、リクルート系企業を経て、事業会社経営後、コンサルティング会社設立。組織開発コンサルタント歴は15年におよぶ。全国4万人規模の企業経営者の会の会長や副支部長などを歴任。専門は組織開発や人間関係。組織開発の権威である米国 NTL Institute 組織開発 Certificate Program 修了。自律型組織づくりや関係性構築を笑顔でサポート。

瀬山暁夫（せやま・あきお）

経営理念浸透コンサルタント。中小企業診断士。1995年同志社大学経済学部卒、2023年より同志社大学大学院総合政策科学研究科在学。中小・中堅企業を対象とした経営理念の策定・浸透の伴走支援者。経営トップとの対話や経営幹部のプロジェクトによりミッション・バリューを言語化し、組織開発の価値観に基づくワークショップで社員の理解・共感・行動変容を促進する。中小・中堅企業経営者との交流500人超。関与企業約100社。

いちばんやさしい「組織開発」のはじめ方

2023年9月5日　第1刷発行
2023年9月21日　第2刷発行

監修・解説―中村和彦
著　者――早瀬信、高橋妙子、瀬山暁夫
発行所――ダイヤモンド社
〒150-8409　東京都渋谷区神宮前6-12-17
https://www.diamond.co.jp/
電話／03･5778･7233（編集）　03･5778･7240（販売）

カバーデザイン―三森健太（JUNGLE）
本文デザイン・DTP―岸和泉
イラスト――田渕正敏
編集協力――間杉俊彦
校正――――鷗来堂
製作進行――ダイヤモンド・グラフィック社
印刷・製本―三松堂
編集担当――工藤佳子

ISBN 978-4-478-11688-3